AF441789

* 9 7 8 9 9 4 8 8 2 5 2 4 1 *

نبذة الكاتب

جمال الزيودي، خرّيج جامعة الإمارات العربية المتحدة.. بكالوريوس في الاتصال الجماهيري – 2009.

منذ صغره وهو عاشق للكتابة، وكان يحلم دائمًا بأنه سوف يأتي اليوم الذي سيحقِّق فيه الحلم الذي طالما كان يلاحقه، وترنُّ كلماته في أذنه دائمًا بأن يكتب ويؤلِّف كتابًا يومًا ما، وكان يتمنَّى أن يبصر هذا اليوم نورًا يشعَّ بين صفحات كتابه الأول، وقد أصبح الحلم حقيقة، وبقي الانتظار لا أكثر.

الإهداء

إلى كلِّ مَن شجَّعني وألهمني الكتابة.. أهلي.. زوجتي، وأبنائي، وأصدقائي.

هم سندي وكُلُّ ما أملك، هم روحي ونفسي وعطري الذي لا أفارقه أبدًا.

جمال الزيودي

حبٌّ لا يُنسَى

بين جدران البيت القديم

AUSTIN MACAULEY PUBLISHERS™

LONDON • CAMBRIDGE • NEW YORK • SHARJAH

الرقم الدولي الموحد للكتاب 9789948825241 (غلاف ورقي)
الرقم الدولي الموحد للكتاب 9789948825234 (كتاب إلكتروني)

رقم الطلب: MC-10-01-9336564
التصنيف العمري: E

تم تصنيف وتحديد الفئة العمرية التي تلائم محتوى الكتب وفقًا لنظام التصنيف العمري الصادر عن المجلس الوطني للإعلام.

الطبعة الأولى 2022
أوستن ماكولي للنشر م. م. ح
مدينة الشارقة للنشر
صندوق بريد [519201]
الشارقة، الإمارات العربية المتحدة
www.austinmacauley.ae
+971 655 95 202

شكر وتقدير

أشكر زوجتي التي دفعَتني إلى الأمام لأستمرَّ بكلِّ عزيمة وإرادة لكي أُكمِل الكتابة.

أشكر نفسي على عنادي لكي أحقِّق هذا الهدف، وأُنجز المهمَّة بنجاح.

أخيرًا اليوم أُبصر النور وقد شعَّ بين صفحات كتابي الأول، وأضعه اليوم بين أيديكم، وأمنياتي القلبية بأن يعجبكم، وينال رضاكم.

أَمسِك بيَدك كوب قهوة، وبعد منتصف الليل ابدأ بالقراءة.

"حبٌّ لا يُنسَى" حبٌّ وروايات وذكريات شيّقة مقتبَسة مِن قِصص واقعية بين جدران بيت قديم تسوده الألفة والمحبَّة والوئام.

تشويق وغموض وإثارة، سوف تكتشفونها هنا في كتابي الممتع، حيث ستتذكَّرون ماضيكم الجميل الذي عشناه سَوِيًّا في مجتمعنا الإماراتي.

وحبٌّ لا يُنسى، حيث يخلِّد ذكريات جميلة وأليمة تشتاق إليها الأيام وغربة الروح.

جمال الزيودي

الباب الأول

البداية

الأيام والذكريات هي تلك اللحظات التي يعيشها كل البشر بكل عناوينها وتفاصيلها.

في مكان يعشقه، ويروي قصصًا وذكريات بها لحظات مليئة بين حب وحزن، ومغامرات فيها فرح وغموض وخوف وألم... إلخ. هناك مَن يعتقد أنَّ هذه اللحظات والذكريات قد تبدو بالنسبة له كابوسًا كان يعيشه وعائقًا في حياته يريد اجتيازه،

ولكنِّها بالنسبة لي هي لحظات كانت البداية في مشوار حياتي لتكتب سطورًا جديدة، حيث تعلَّمتُ منها معاني الحب والوفاء والصبر والعزيمة والإرادة، ومعاني كثيرة تبدأ بالغرس في نفوسنا منذ الصغر، ونجني منها في الكِبَر، حيث تُعتبَر عمودًا مؤسِّسًا في المستقبل القادم.نعم.. هي ذكريات حب وخوف عشناها في بيت قديم وكبير مليء بالبشر والحيوانات الأليفة التي جسَّدت معاني

الحب؛ حيث إنَّ الحبَّ يجسِّد رمزًا لجميع مخلوقات العالم مِن بشر وحيوانات.

نعم.. هكذا كنَّا نمرُّ بهذه اللحظات، جميلة وحزينة ومغامرات مثيرة، ولحظات خوف ورعب في هذا البيت الكبير، حيث لا يخلو يومًا مِن تفاصيل وقصص جديدة عشناها بعفويَّتنا البريئة.

مواقف طفولية ومرحة، يتذكَّرها الكبار عندما كانت عقولهم خالية وصافية مِن ضغوطات الحياة التي نعيشها في هذا اليوم.

نعم هي مواقف هادئة يسودها الفرح والطمأنينة والتعاون والإخاء.

هي ذكريات وحبٌّ لا يُنسَى، وتبقى خالدة للأبد.

أنا إنسان كأي بشر لَدَيه حياة مليئة بالحب والمشاعر والأحاسيس، وحياة خليطة مِن الحزن، والكآبة، والفرح، والشوق، والحسد، والكُره!

هذه حياة الإنسان، سلسلة وأنهار مِن المفاجآت والقصص في مسيرة حياته، ترافقه تارةً إلى ممرٍّ واسع، وتارةً إلى ممرٍّ ضيِّق، واسع في بناء مستقبله المشرق، وضيِّق تضيق عليه حياته ومسيرته.

الحياة هكذا خليطة بجميع ما ذكرتُ، بين شتاء وصيف مِن شهر مارس سنة ١٩٨٥م ظهيرة يوم الجمعة وُلدَ طفلٌ يشعُّ نورًا وبراءة في بيئة مليئة بالبساطة والطفولة المرحة في بيت قديم واسع المشاعر والحب، لا يحمل على عاتقه هموم الحياة ومشقَّاتها، لا يعرف معنى الشعور ولا الإحساس ولا الحزن سِوَى في لعبة يمسكها ويقلِّبها يمينًا وشِمالًا، لا تتحرَّك، ولا تتكلَّم، ولا تشعر.

يثرثر معها، ويروي الأحداث والقصص اليومية في بيت كبير مليء بحبِّ الإخوة والأسرة الواحدة، بيت مليء بالأشجار الخضراء، وحيوانات جميلة ترعرعَت بحبِّ أسرة متماسكة، وحبها لنا في أيام مليئة بالمرح والسرور والمفاجآت والمغامرات.

الشتاء

حين يأتي الشتاء القارس، ما أجمله مِن شتاء في أيام التسعينيات! كنَّا نتجمَّد مِن البرد في غرفة واحدة، وإخوة مِن ثمانية أشخاص ننام في لحاف واحد نتدفَّأ به، وحين نشعر ببرودة شديدة نجلس جميعنا أمام جهاز (الدفاية) أي المدفأة وأيدينا بالأصابع العشرة نخنقها مع بعض للشعور بالدفء والأمان!

وقبل النوم بلحظات تقوم أمي بحمل علبة حليب كبيرة وكأس فارغة، وتدور بها نحو إخوتي واحدًا واحدًا؛ لكي نشرب الحليب في هذه الكأس الزجاجية اللامعة البرَّاقة، وبعدها نغطُّ بنوم عميق عنوانه الطمأنينة والسكون والراحة والأمان.

وعندما يحين وقت الصباح نفتح التلفاز بانتظار رسوم الكرتون: ابن عرس، وسالي، وكابتن ماجد، وخماسي، ومازنجر،

على قنواتنا المحلية، نسلِّي وقتنا منذ الصباح إلى المساء، جدولنا اليومي مليء ومزدحم لا يوجد هناك متَّسَع مِن الوقت لنضيعه، حيث نعيش اليوم بِطُوله تفاصيل وأحداثًا شيِّقة كلّها مرح وعفوية وبراءة مطلقة.

الدراسة

كبرتُ قليلًا، ودخلتُ سَنتي الأولى في المرحلة الدراسية (الروضة).

أذهب إليها يوميًا حاملًا حقيبة صغيرة وكراسة صفراء وقلمًا صغيرًا.

وحين نترقَّب باب الفصل لدخول المعلمة، أنتظر وأحدِّق بخوف دفين ورعشة كبيرة؛ لأنَّني أخاف مِن مدرستي السودانية!

حين تراني أكتب بيدي اليسرى تقول لي: يا بنيَّ، هذا خطأ، يجب أن تكتب بيدك اليمنى، لا يجوز أن تكتب باليد اليسرى، هذا حرام!

ثم أراها تذهب بعيدًا تارة، وتقترب تارة، وأنا أراقبها بخوف وصمت، فعندما تكون بعيدة أكتب باليسرى، وعندما تقترب نحوي أكتب باليمنى.

هكذا كانت أيام الروضة، حيث البراءة والطفولة الأولى، وأوَّل سلَّم لكتابة النجاح في العلم والعمل.

ومرَّتِ الأيام والسنوات، ودخلتُ المرحلة الابتدائية، حيث كانت مدرستي بعيدة عن بيتنا الجميل نحو جبال شاهقة وسهول غامضة.

أنتظر الحافلة أمام منزلنا، أصعد بالحافلة يوميًّا متَّجهًا إلى مدرستي البعيدة قبالة وديان وجبال شاهقة، وعندما تسقط الأمطار نهرع إلى نوافذ الحافلة نشاهد الأمطار الغزيرة التي تغمر المكان والوديان، وسائق الحافلة يكون خائفًا مترقِّبًا، ويجول في باله ألف سؤال وسؤال: ماذا أفعل؟ الأطفال سوف يغرقون!

بدخول مياه الأمطار داخل الحافلة ونحن بداخلها، حيث المياه نراها تغمر أرضية الحافلة، ونحن فرحون نلعب بالماء مع الأصدقاء دون خوف ولا مبالاة ولا إكتراث لأي شيء.

تمرُّ أيامنا سريعة، لا ندركها، ونعيشها بكلِّ لحظة بحبٍّ وفرح وابتهاج.

الفريج

وفي فريجنا (الحارة) المليئة بالمنازل المتلاصقة والحاضنة بعضها البعض، حيث كنَّا جميعنا أصحابًا، وجميع الأمهات خالاتي وكأنَّنا جميعًا عائلة واحدة متماسكة ببعض، تشدُّ أزر بعض، لا تعرف التفرقة ولا الخذلان.

وأذكر حينها دائمًا بعد العودة مِن المدرسة أنَّنا كنَّا ننتظر بفارغ الصبر وقت العصر؛ لنلعب مع أطفال الفريج والجيران كرة القدم، وننتظر الرسوم المتحركة، وبعدها نلهو ونتشقلب بالرمل ونحن فرحون مبتهجون بأرجلنا العارية، حيث لا يوجد قاموس للنَّعل سِوَى في مناسبات الأعياد!

وعند قرب هلال شهر رمضان المبارك نقوم بتوزيع حق الليلة (قرقيعان) في النصف مِن شعبان؛ ابتهاجًا وفرحًا لقدوم شهر رمضان الكريم لمدى شغفنا بحبه وعشقه، لأيامه الحلوة

والجميلة، حيث نترَّقبه دائمًا بفارغ الصبر لتذوُّق رحيق وحلاوة الإيمان والصيام والصلاة، ونتمعَّن بسماع صلاة التراويح، والميكروفونات عالية تطرب آذان جميع المسلمين بتلاوة الآيات القرآنية الكريمة.

ونشاهد المسلسلات والفوازير الرمضانية، كما أنَّنا نلعب كرة القدم والغميضة في فرجان المنطقة، ونزور منازل الجيران والأصدقاء، ونأكل المهلبيَّة والجيلي على الفوالة التي لاتفارق أي منزل في رمضان، ونضحك مع بعضنا دون تفكير أو حزن على شيء، ودون كُرهٍ أو ضغينة لأحد.

حيوانات المنزل

أعرّفكم اليوم على جزء آخَر مِن عائلتنا، بل هم جزء مهمٌّ في حياتنا، لا نستطيع التفرقة بينهم.

عمود البيت القديم، ونور فرحة عائلتي التي كانت تعشقهم وتحبهم، وتلبّي جميع طلباتهم.

صحيح بأنّهم مجرَّد حيوانات، ولكن كانوا جزءًا مهمًّا في مسيرة حياتنا.

وفي يوم مِن الأيام حدَثَ ما لَم يكُن بالحسبان، وكأنَّ لعنة حلَّت علينا وعلى حيوانات المنزل.

شيءٌ أفزعنا وأرهبَ كلَّ مَن في المنزل، شيءٌ لا يُنسَى أبدًا في شتاء قارس أيضًا.

في يوم مِن الأيام نصحو مِن النوم فجأة، وأذكر حينها إجازة المدارس، نشاهد فناء المنزل مليئًا بالدماء!

نعم مليء بالدماء، إنَّه يوم محزن وكئيب لأسرتي، حيث شاهدنا وفجعنا، فجميع حيوانات المنزل ممددة على الأرض ميتة ومنتشرة وممزَّقة على جميع ساحات المنزل، متناثرة جلودهم وأجسامهم!

في تلك الأيام الخوالي كانت الذئاب تجول منطقتنا، ولسوء حظ حيواناتنا لقُوا فريستهم في منزلنا، وأكلوا جميع حيوانات المنزل مِن طيور ودجاج وماعز.

حزنَّا كثيرًا في ذلك اليوم، وحين نكون نائمين ونتخيَّل بأنَّ الحيوانات تقول: أنقِذونا.. أنقِذونا.. رحمهم الله جميعًا.

حزنتُ كثيرًا في هذا اليوم، فقد كنتُ صغيرًا وأول مرة أشاهد مشهد دماء أراه أمام عيني، وهم أصدقائي، وكنتُ أعتبرهم جزءًا مِن عائلتي الذين تربَّيتُ وعشتُ معهم طيلة بقائنا في منزلنا القديم والكبير.

حقًّا إنَّها أيام وذكريات حبٍّ لا تُنسَى في هذا المنزل الكبير والواسع والذي شعرنا بأنَّنا أسرة تُحسَد مِن التماسك والحب الكبير بيننا؛ حيث لا نعرف أن نفرِّق بين حبِّ إنسان وحيوان سِوَى معنى الحب بعنوانه وشوقه وشغفه.

المطبخ

في يوم مِن الأيام وفي ليلة بائسة وصعبة، كنتُ في مطبخ المنزل ليلًا أساعد خادمة البيت التي كانت تحبُّنا كأمّي، وتخاف علينا كثيرًا.

كنتُ أقلِّب الحساء يمينًا ويسارًا وبشكل دائري وأنا فرح مبتهج مستمتع بالعمل الذي أقوم به، وكأنَّني طباخ ماهر أجيد الطبخ بأصوله وفقهه!

وفجأة يعمُّ صمتٌ رهيبٌ، وجسمي تجمَّد فجأة، ولا أحسُّ بشيء سِوَى أنَّني أرى نفسي ممدَّدًا على الأرض مغشيًّا عليَّ، حيث شعرتُ بحرارة شديدة تقطِّع جلد يدي اليسرى وهي تحترق.

وكان حساء القدر قد سال على يدي، والخادمة تصرخ وتبكي: ساعدوني.. ساعدوني، ولكن للأسف لا مِن مجيب سِوَى جدَّتي المسكينة تبكي ولا حول لها ولا قوة!

كانت أمي غير موجودة مسافرة خارج الدولة، وأبي في العمل خارج منطقتنا، وإخوتي صغارًا جالسين في الغرفة يشاهدون التلفاز، ولا يعلمون ما حلَّ بي.

حملَتني الخادمة في حضنها، وركضَت بي في الحارة متوجِّهةً إلى صديقة أمي، وجارتنا الودودة تبكي لها، وتأخذني جارتنا على أكتافها، وتُحضِر معجون الأسنان، وتضَعه على يدي المحروقة، وكنتُ أبكي كثيرًا، فقالت لي: لا تخَف يا بنيَّ، سوف يذهب الألم سريعًا، فقط أغمِض عينيك، وسترى كل شيء ذهب.

وأبقتني صديقة أمي أنام عندها في منزلها، أنام في غرفتها، وفي هذا اليوم شعرتُ بحزن عميق، وكنتُ مشتاقًا كثيرًا إلى حضن أمي أبكي معها عندما تراني بهذه الحالة البائسة، ولكن للأسف لَم تأتِ أمي بحكم بُعدها وسفرها خارج الدولة.

يوم لا أنساه طيلة حياتي، وكلَّما أنظر إلى يدي اليسرى المحترقة تلقائيًا تعيد شريط الذكريات في أعيني.

رفيقة العمر

أذكر في يوم مِن ظهر أحد الأيام الحزينة الأخرى، وأنا عائد مِن مدرستي نزلتُ مِن الحافلة، أرى أناسًا كثرًا مجتمعين بجانب بيت جيراننا، وأنظر وأحدِّق بعمق، إنَّه منزل صديقة أمي العزيزة والتي كانت قريبة مِن أُمي كثيرًا.

أسمع صوت الصراخ والبكاء في كل مكان، وإلى الآن ما زلتُ لا أدري ماذا يحدث هنا! وبعدها أشاهد أمي تبكي بحرقة شديدة وأنا أسألها:

- يا أمي.. ماذا حدث في بيت خالتي؟

تقول لي:

- يا بنيَّ، إنَّها ذهبَت بجوار ربها، وسافرَت في رحلة ليس لها عودة، ادعُ لها يا بنيَّ.

لَم أصدِّق أبدًا بأنَّ صديقة أمي – وهذه بالذَّات – قد رحلَت عن الدنيا دون رجعة.

وتقبَّلتُ الأمر، وبكيتُ وحزنتُ كثيرًا؛ لأنَّني أحبها كثيرًا، ولأنَّها تملك قلبًا كبيرًا يتَّسع للجميع، حيث كانت دائمًا تُحضِر لي الصلصال لكي ألعب به، وكانت تحبني كثيرًا.

كان يومًا محزنًا جدًّا، وبحثتُ عن ابن جارتنا المتوفَّاة (س)، كنتُ دائمًا أتشاجر معه، ولا أتَّفق معه أبدًا، ولكن حزنتُ كثيرًا على فراق ووفاة أمه، وكنتُ أقول أتمنَّى ألَّا أرى دموعًا على وجهه.

قصص حارتنا مليئة بالفرح والحزن، والمغامرات الشيقة والمحزنة في بعض الأوقات، وحب لا يُنسَى، وكنتُ دائمًا كحلم أي طفل أن أرى نفسي بين قصص رسوم الكرتون في مسلسل (حكايات لا تُنسَى) حيث تُدوَّن قصص حياتنا وأسرتي وجيراننا الأعزَّاء.

التلفاز الخشبي

أذكر تلك الأيام المليئة بالشغف والجنون، عندما نجلس جميعًا أمام التلفاز المحاط بخشب بنّي اللون، ونلفُّ (الإيريال) لكي تتّضح لنا قناة أبوظبي أو دبي 33، لا أذكر بالتحديد لصغر سنّي، حيث لا أعرف القنوات سِوَى شاشة مربَّعة الشكل تذيع البرامج والمسلسلات.

كنَّا نشاهد ونترقب يوم الخميس بفارغ الصبر لنشاهد الأفلام الهندية لأميتاب باتشان، ودرمندر، حيث الحب والجنون، الأكشن والمغامرات وحب العائلة.

ويقوم البطل بالدور البطولي لإنقاذ حبيبته مِن العدو، ويلبِّي الابن طلبات العائلة، ويعيل أسرته اليتيمة.

كنَّا نتابع بصمت واندماج عميق وأعيننا باتِّجاه واحد صوب التلفاز الخشبي، حيث التشويش الدائم للقناة، ويخيب أملنا ونحن نترقَّب عودة القناة مِن جديد، ونستمر بالمشاهدة.

وأيضًا كنَّا ننتظر مسلسلًا قويًّا آنذاك، ومشهود الصيت، ومعروفًا عند الجميع، وهو المسلسل المكسيكي (كساندرا)، ومَن لا يذكر هذا المسلسل الشهير؟! كنَّا نترقَّبه بكل شغف وجنون وكل لحظة وترقُّب، نقضي الساعات مع بعض وفي غرفة واحدة مندمجين لكلِّ مشهد إلى أن نغفو وننام نومًا عميقًا إلى صباح جديد ويوم جديد نسطر به قصصًا جديدة في كل يوم، ونسرد حكايات بطولية أبطالها نحن وجيراننا الأعزَّاء.

أشجار الصبَّار واللوز

تلك الأشجار الجميلة البرَّاقة والرشيقة التي نعشقها دائمًا، هي سندنا ومظلَّتنا وقت سقوط الأمطار الغزيرة.

هي تلك الأشجار التي لبَّت جميع سكان المنطقة وليس فقط منزلنا، كانت وما زالت أشجارًا خالدة في عقولنا وكأنَّها موجودة بيننا.

أذكر تلك الأيام عند عودتنا مِن المدرسة، كنَّا نركض مباشرة نحو شجرة الصبَّار واللوز الكبيرة في المنزل، ونتسلَّق فوقها مثل فتى الأدغال (ماوكلي)، نركب فوق أغصانها فرحِين مبتهجِين بثيابنا المتَّسخة، ولكن لا يهمُّ، والأهمُّ أنَّنا فرحون، وهذا ما يهمُّنا.

كل واحد مِن إخوتي لدَيه غصن على كلتا الشجرتَين، وكل واحد منَّا يصعد على غصنه الذي ختم اسمه عليه، ويكلِّمه في

وقت الظهيرة عن قصصه وأحداثه التي حدثَت له في المدرسة وعن أصدقائه، ويضحك مع الأغصان الجميلة.

ويهبُّ الهواء البارد والجميل، وتسمع صوت أوراق الشجرة وكأنَّها تكلِّمنا بأنَّها فرحة بسماع قصصنا لها، إلى حين مناداة أمي لنا لتناول وجبة الغداء، حيث ننزل بهدوء، ونغسل أيدينا، ومِن ثَمَّ نأكل مع بعض.

أيام جميلة ورائعة، يفوح منها عبق الماضي الذي عشناه في دولتي الحبيبة (الإمارات)، وبالتَّحديد في دبا الفجيرة.

المزهرية

أذكر في أحد الأيام كنتُ أمشي في النهار عاريَ القدمين في سكة قريبة مِن بيتنا، وأتلذَّذ بأكل البوظة البيضاء، وأرى مِن بعيد بأعين شغوفة مزهرية بيضاء اللون، حوافها الأمامية متكسرة، مغرية وجميلة! فأركض نحوها مسرعًا وأمسكها.

وكأيِّ طفل في صغر سِنِّي أحب أن أرى وأسمع صوت زجاج يتكسَّر، فأمسكتُ بالمزهريَّة، ورميتُ بها إلى مسافة بعيدة، وفرحتُ كثيرًا عندما شاهدتُها تنكسر، وأسمع أصوات الأجزاء المتناثرة في كل مكان.

وفجأة شعرتُ بحرارة فظيعة في إصبعي (الإبهام) مِن يدي اليسرى، ولحظات أرى هذا الإصبع المسكين ينتشر منه الدم مِن كل صوب وحدب ومكان.

علمتُ السبب بأنَّ هذه المزهرية خدعَتني، وانتقمَت منِّي، نعم تذكَّرتُ بأنَّ هذه المزهرية أطرافها العلوية متكسِّرة، وأنا لَم أكن مهتمًا، وعندما رميتُها شرخَت إصبعي شرخًا عميقًا جدًّا لدرجة خروج اللحم منه.

هرعتُ مسرعًا إلى منزلي أبكي وأصرخ:

- أمي.. أمي.. إنَّه دم!

وأمي تراني وتتفاجأ، وتصرخ وتبكي:

- يجب أن نذهب إلى المستشفى حالًا.

وأخذني أبي إلى المستشفى على الفور وأنا مرهق تمامًا ومتعَب.

دخلنا المستشفى القديم المتهالك، وعالجني الدكتور، وعمل لي خياطة لإصبعي، وارتحتُ أخيرًا، وإلى يومنا هذا الندبة على إصبعي باقية، وكأنَّ المزهرية تضحك عليَّ كل يوم وتقول لي: إنَّني مغروسة في ذاكرتك، واستحالة أن أدعَكَ تنسى مافعلتَه بي.

وفعلًا في كل مرة أرى إصبعي أتذكَّر هذا اليوم المشؤوم، حيث لَم تذهب أبدًا.

العين الحاقدة

كمثل تلك الأيام المعتادة، ونهار يسوده الألفة والمحبَّة والمرح والفرح والسعادة المطلَقة التي اعتدنا عليها ككلِّ يوم نعيشه أنا وعائلتي في هذا البيت القديم.

أذكر يومًا تعيسًا قد حدث، ذلك اليوم الذي لا مفرَّ منه، شابه الحزن والفرح بنفس الوقت.

نعم فرح، كانت أختي الصغرى تعيشه وتطير بتلك الأرجوحة القديمة إلى الهواء العليل، أذكر حينها على ما أعتقد عمرها بين الثلاث والأربع سنوات، تلعب على هذه الأرجوحة القديمة ذات اللون الأصفر والعتيقة التي دائمًا ما كانت تؤنس وحدتنا وقت الضيق والفرح وكأنَّها تمتطي حصانًا جميلًا أبيض يدور بها في كل مكان، ولكنَّ الواقع لَم تكن سِوَى أرجوحة قديمة

ليس لها قيمة لدى بعض الناس، ولكن كانت بالنسبة لدينا تساوي الكثير، وقيمتها لا توصف بالنسبة لي ولعائلتي.

نعم كتلك المزهرية التي غدرَت بي، ولازمَت حياتي بندبة على إصبعي لا تفارقه أبدًا.

نعم هذه الأرجوحة أيضًا في هذا اليوم بالذات، وكأنَّ عينًا حاقدة لازمَت هذا اليوم بطوله، وغدرَت بأختي الصغرى التي كانت تعشقها وتحبُّها حبًّا جمًّا.

ذهبَت بعين شغوفة لها، وتتأرجح معها، وتتسامر وتتكلَّم معها كعادتها، والبسمة لا تفارق محيَّاها، ولكنَّ هذا اليوم بالذات لَم يكن يوم أختي، بل كان يوم هذه العين الحاقدة المشؤومة، ويوم الغدر بها، حيث وقعَت.. نعم وقعَت تلك الوقعة التي لا تُنسَى أبدًا، والدماء تتطاير مِن فوق حاجب عينها اليمنى.

نعم وقعَت تلك الوقعة القوية على الأرض في باحة المنزل، وكأنَّ عينًا حاقدة كانت تطاردها، ولكن مَن هي؟ لا نعلم!

وكانت تصرخ صرخة نابعة مِن صميم قلبها، وجميع مَن هم في الحارة سمعها، وأمي تركض مسرعة تطارد هذا الصراخ مِن أين أتى؟ وأين مصدره؟ وإذا بها ترى بأعينها مصدومة غير مصدِّقة ما ترى بأم عينيها الاثنتين، حيث ابنتها واقعة على الأرض، والدماء تغطِّي المكان وكل زاوية مِن زوايا الأرجوحة، وكأنَّ

الأرجوحة تنظر إلى أختي وهي أيضًا تبكي معها، ولو كانت تتكلم لقالت: سامحيني يا بنتي، لستُ أنا مَن أوقعك، بل هي العين الحاقدة التي تجسَّدَت بروحي، ولازمَتني هذا اليوم المشؤوم.

نعم.. حقًّا كان يومًا حاقدًا لنا كعائلة وخاصة لأختي، تمَّ نقل أختي إلى المستشفى في الحال، والحمد لله تمَّتِ السيطرة على النزيف، والدكتور طمأنَنا وقال:

- إنَّها بخير، ولكن يؤسفني القول بأنَّ الندبة لا يمكن إزالتها مدى الحياة، حيث ستظلُّ إلى الأبد؛ لأنَّ الجرح عميق، وتأصَّل بالمكان، وحفر حفرة لا يمكن دفنها بأي شكل مِن الأشكال! كيف؟ ولماذا؟ لا نعلم!

نعم كان يومًا حزينًا لنا ولأمي؛ لأنَّها كانت خائفة جدًّا، حيث كانت رحمة مِن الله بأنَّها لَم تكن في العين اليمنى نفسها، بل أتتِ الضربة على الحاجب العلوي الأيمن مِن العين.

وللأسف الشديد مرَّتِ الأيام والسنوات، وتزوَّجَت أختي، وأنجبتِ الأولاد، ولكن ظلَّت هذه الندبة العنيدة متأصِّلة على حاجب أختي إلى يومنا هذا، وباقية كذكرى تذكِّرها بيوم لا يُنسَى أبدًا.

الدكان

أذكر في تلك الأيام بين أوقات الظهيرة والعصر.. يجلس أخي الأكبر بين الأشجار بالمنزل، وعلى زاوية مِن بيت الحمام محاط بأربعة حواجز مِن خشب، ويفرش خيشة مِن خيش الأرز مِن مطبخ بيتنا، ويضع عليها حلويات وعصائر الزمن، مثل عصير الآرسي، وسبريات القديم، وبفك عمان.

نعم إنه دكان أخي الذي كنَّا نشتري منه بدلًا مِن الذهاب إلى دكان الحارة، ونختصر الوقت لكي نشاهد أروع الحلقات الكرتونية التي تُعرَض على قناة الشارقة، مثل رسوم الكرتون سالي، والفتى النبيل.

وعندما نتشاجر مع أخي نذهب مباشرة لكي نغيظه ونكسر دكانه الصغير، وفي كل مرة يبنيه مرة أخرى دون التفكير بتعب وملل.

كان دكانًا مهمًّا في ذلك الوقت، جميع مَن هُم في الحارة يشترون مِن دكان أخي الذي يبيع لهم بأسعار رمزية وبسيطة، وكان فرحًا جدًّا بما يفعله.

بساطة وبراءة.. كان عنوان أيامنا هذه.. دكان محاط من أخشاب متكسِّرة، ولكن كان الحب الذي لا يُنسَى هو أساس هذا الدكان الذي جَمع جميع سكان الحارة بضحكاتهم وفرحهم عندما يشترون مِن دكان أخي البسيط.

هكذا كان هذا الدكان عربون ذكريات لا تُنسَى، وماضيًا لا ينساه أحد مِن أفراد الأسرة.

النخلة

إنَّها بركة المنزل وصديقة عائلتي المفضَّلة.. إنَّها الحب الحقيقي الذي لا نستطيع نسيانه.. إنَّها العنيدة الباقية التي تحمَّلَت جميع ظروف الحياة.

إنَّه في يوم مِن الأيام كانت هناك نخلة عظيمة، وكانت جزءًا لا يتجزَّأً مِن أفراد الأسرة، شامخة وجميلة، تجلس دائمًا بجانب باب بيتنا، تحرسه في جميع الأوقات، نحبُّها وتحبُّنا، نسرد لها يومِيَّاتنا، ونسقيها بالماء دائمًا.

وأذكر حينها أنَّنا كنَّا دائمًا نتسابق، ونضع جدولًا يوميًّا بين إخوتي واحدًا تِلو الآخَر لكي يسقي هذه النخلة الجميلة.

كنَّا نسأل والدَينا عن عُمر هذه النخلة، يفيد أبي بأنَّ عمر هذه النخلة يساوي أكثر مِن ثلاثين سنة، حيث إنَّها مِن زمن جدَّتنا التي لَم نرها في حياتنا.

بعد انتقالنا مِن هذا المنزل حزنَّا كثيرًا عليها؛ حيث إنَّنا لَم نستطِع أن نأخذها معنا لتأصُّل جذورها وعنادها على البقاء بنفس المكان.

كنتُ دائمًا أزورها لأطمئنَّ عليها وعلى حالها؛ حيث إنَّني كنتُ أشعر بأنَّها دائمًا تسأل عنَّا وعن حالنا، وكيف أصبحنا بدونها.

كانت دائمًا تغذِّينا بثمرة الرطب اللذيذ، واليوم نشتاق إلى طعامها الذي فارق الحياة إلى الأبد، وذهبَت دون رجعة، ولا ندري هل هي اليوم تشتاق إلينا وتتذكَّرنا.

ولا نقول سِوَى حسبي الله على مَن كان سببًا في قتلها وقطع علاقتنا بها إلى الأبد، ولكن ما زال قلبي ينبض بحبها، وصورتها لا تفارق ناظري.

بيت الحمام

أذكر في تلك الأيام في حديقة المنزل المليئة بالأشجار العبقة والجميلة أنه كان يوجد هناك بيت الحمام المكوَّن مِن أخشاب عادية بناها أخي، يطعمهم ويسقيهم دائمًا، ويتكلم معهم كأنَّهم إخوته وأصدقاؤه، وعندما يكون هناك تحدٍّ بين الفرجان عن أحلى حمامة تحدث إثارة وتشويق بين أطفال الفريج ومسابقات وشجار وعويل بينهم، وحين يخسر أحد منهم يبدأ تحدٍّ أكبر مِن حيث كيفية إظهار الحمامة بأحسن حلة لكي تصبح عروس الفريج!

أذكر حينها أنَّ الكل يصبح شغوفًا بالحمام، ويعشقه عشقًا غريبًا حتى كأنَّ الحمامة تسأل نفسها: لماذا يعشقني هذا الطفل لهذه الدرجة؟! ماذا قدَّمتُ له لكي يعشقني عشق قيس وليلى؟!

هكذا كان الحمام في تلك الأيام متربِّعًا على عرش الصدارة بين صفحات الماضي الجميل، حيث كان بيت الحمام كأنَّه البيت الثاني لنا.

عروض مسرحية

في باحة المنزل مِن بين ركن المجلس كنَّا نعلِّق حبلًا كانت تستخدمه الخادمة لتعليق ملابس الغسيل، حيث نستغلُّ الفرصة، ونضع ستائر لعرض مسرحيات قصيرة وفعاليَّات يومية، وكنَّا ننادي الجيران وأطفال الفريج لحضور المسرحيات بالمجان.

كنَّا نضحك ونلعب، ولا نعرف ماذا نقول، وكنتُ أذكر حينها أنَّني أقوم بدور الدكتور، وكنتُ خجولًا جدًّا؛ حيث إنَّني لا أعرف كيف أجعل الأطفال والجيران يضحكون، وأصبحتُ أضحوكة لهم، ولكن بالرَّغم مِن ذلك كنَّا نكمل المسرحيات دون التفكير عن ماذا يقولون ويتهامسون فيما بينهم، ونعيدها مرارًا وتكرارًا، والمهمُّ نضحك ونتكلَّم بدون كره أو ضغينة.

كنَّا نحزن ونبكي، ولكن ننسى في نفس الوقت، ونكمل المسيرة مرة أخرى دون تعب وكلل.

كانت أيامنا تلك كالمسرحيات اليومية كلها فرحٌ وابتهاجٌ.

الرحلة إلى الصمرة (السدرة) السرية

أذكر في تلك الأيام وحين عودتنا مِن المدرسة مباشرة نبدِّل ملابسنا، وبدون أخذ قيلولة الظهر نبدأ مشوار لعبتنا وخططنا اليومية، حيث يقوم أخي بكتابة رسالة خطِّيَّة، ويوزِّعها علينا، مكتوب فيها: "الرحلة إلى الصمرة السرية".

نجمع أغراضنا، وتقوم أمي بإعداد المكرونة الحمراء كالمعتاد، ونمشي مشيًا على الأقدام متَّجهين إلى السدرة السرية، وفي الحقيقة لا يوجد لها سرٌّ، وإنَّما سمَّيناها بهذا الاسم.

وعندما نصل إلى هناك ننزل حاجياتنا وأغراضنا، ونستعدُّ للرحلة، ونفتح علبة المكرونة، ونضع عليها شطَّة الصقر الحارة، ونبدأ بالأكل، حيث كنَّا نتشارك جميعًا على علبة واحدة، ونتقاسمها معًا، ومِن بعد الأكل نجلس حول هذه السدرة السرية متأمِّلين بها نواسي وحدتها الدائمة، ونلهو بعض الوقت

بالرمل والبحر إلى أن يحين اقتراب موعد المغرب، ومِن ثمَّ نعود مباشرة أدراجنا للمنزل، وأيدينا وأرجلنا متسخة فرحِين مبتهجين بالرحلة وكأنَّنا كنَّا مسافرين على طائرة حلَّقَت بنا إلى مسافات بعيدة.

إنَّه إحساس رائع وجميل، وكأنَّني عائد مِن رحلة سفر أوروبية مليئة بالمتعة والمرح ومشاهدة المناظر الخلَّابة.

والحقيقة هي العكس، ولكنَّ شعور الفرحة لا تقاس بالمسافة والمكان، وإنَّما بالفرحة في وقتها واللمَّة مع إخوتي.

الدبُّ الحامل!

في طفولتي البريئة كان لديَّ شغف كبير وحبٌّ لا يوصف تجاه لعبة بلاستيك صغيرة مِن نوع الحيوانات (دب) سمَّاها أخي فاطمة الدب الحامل

كنتُ دائمًا ويوميًا ألعب بها، وعندما يراني أخي الأكبر ألعب بها يسخر منها، ويناديها بهذا الاسم، وكنتُ أنزعج وأبكي بحرقة بسبب تسميتها بهذا الاسم؛ لأنَّه لا يعجبني أبدًا.

وفي يوم مِن الأيام قرَّرتُ بأن أنهي هذه القصة مع حيواني الدبّ، وأذكر أنَّ الوقت حينها كان ليلًا، وأحضرتُ بترول مِن مطبخ المنزل، ونثرتُه على الدبّ المسكينة، وأشعلتُ بها النار، وكان إخوتي ينظرون إليَّ باستغراب، وأخي الأكبر كان يضحك عليَّ، ولكنَّني لَم أهتم سِوَى بأن أنهي هذه السخرية للأبد.

وبعد أن احترقَت بالكامل حفرتُ حفرة لها، ودفنتُها وودَّعتُها للأبد، وأنهيتُ قصتها والتي ما زلتُ نادمًا على فعلتي هذه.

وفي تلك الليلة بكيتُ بحرقة، وحزنتُ كثيرًا على فراقها؛ حيث إنَّني لَم أتخيَّل يومًا بدون أن أتكلَّم مع صديقي الدب، وشعرتُ بالأسى والحزن لفراقه.

ومنذ ذلك اليوم توقَّفَ أخي الأكبر عن السخرية منِّي، ولكن سيظلُّ هذا الدبُّ في ذاكرتي للأبد، ولا أستطيع نسيانه.

ذكريات ميمي

حلَّت علينا ميمي مِن عالم صغير، تحملها فراشة، مَن لا يذكر ميمي الصغيرة أيام الطفولة البريئة؟!

نعم أذكر في تلك الأيام أنَّنا كنَّا نشاهد الرسوم المتحركة ميمي الصغيرة بكل ترقُّب وفرح، وننتظر مغامراتها ومقالبها اليومية.

في يوم مِن الأيام كنتُ أذهب إلى الدكان، وأشتري اليانصيب، وكلِّي أمل بأن تكون المفاجأة لعبة ميمي، أي دمية ميمي، إلى أن ابتسمَ لي الحظ، وكانت المفاجأة ميمي باللباس الأحمر، وأخرى باللباس الأخضر.

فرحتُ فرحًا شديدًا وكأنَّني ربحتُ الملايين، ولكن لَم تكن سِوَى مجرَّد دمية صغيرة مِن قِطَع البلاستيك.

وعند ذهابي إلى الروضة أحملها معي، وأتفاخر بها مع جميع زملائي بالروضة، وكأنَّني ربحتُ شيئًا ثمينًا.

يا أولاد، انظروا.. إنَّها ميمي، ربحتُها باليانصيب، ويستغرب الجميع كيف ربحتُها!

وأُخبرهم وأسرد لهم حكاياتي ومغامراتي مع ميمي الصغيرة وكأنَّني كنتُ معها في حلقات الرسوم الكرتونية.

حقًّا.. ذكريات ميمي راسخة في ذهني للأبد.

القفز مِن أعلى الحائط

في كل يوم تقريبًا بين الظهيرة والعصر نقوم بتمرين غريبٍ جدًّا، حيث كنَّا أنا وإخوتي نقوم بتمرين رياضي ونحن بكندورتنا الإماراتية.

على زاوية البيت هناك غرفة المجلس، وكنَّا نتسلَّق الحائط إلى أن نصل فوق سقف المجلس، ونقفز مِن فوق إلى الأسفل، ومباشرة نقع على الزولية (سجادة كبيرة).

أعلم بأنَّه أمر غريب وعجيب بعض الشيء، ولكن كنَّا نبتدع الغرابة، ولا ندري لماذا كنَّا نفعل ذلك! والمهمُّ أنَّنا كنَّا فرحين، صحيحٌ كنَّا نتألَّم بعض الشيء عندما نقع، ولكن لا نبالي، فالمهمُّ أن نكسب التَّحدي والرهان فيما بيننا، مَن سيقفز ومَن يخاف القفز.

كانت المسافة بعيدة بعض الشيء، ولَم نكن ندري إذا كان هناك سيحصل كسر في أحد أجزاء الجسم أم لا، ولكن فقط كنَّا نعلم أنَّها مخاطرة بدون معرفة النتيجة!

نصحو صباحًا مِن النوم، ونشعر بتعب وإرهاق مِن القفزة، ولكن كانت عظامنا قوية والتمرين أشدَّ مِن الجيم القاسي!

الآيس كريم

في حيلة نحتالها على ذلك الدكان المسكين الذي يقع على الشارع المقابل، كنَّا نشتري ذلك الآيس كريم المغري ذا اللون البرتقالي وعليه صورة ذلك المهرّج المضحك.

وفي فترة مِن الفترات كان جميع الأطفال بلهفة لتذوُّق هذا الطعم اللذيذ الممزوج بطعم الفانيلا البيضاء، وننتظر بلهفة متى ننتهي مِن أكل الآيس كريم، وأعيننا على العود الخشبي وهو رجل هذا الآيس كريم، حيث ننتظر إذا كنَّا سنربح آيس كريم آخَر، حيث كانت توجد علامة على هذا العود الخشبي، ولكن للأسف لا نربح سِوَى مرَّات قليلة، فخطَّطنا بحيلة نحتال على صاحب الدكان الفقير، حيث عندما ننتهي مِن أكل هذا الآيس كريم، ولا نرى هذه العلامة نقوم برسمها طبق الأصل مثل المطبوعة على العود الخشبي للآيس كريم، ونعلِّق بعض الكمية

القليلة مِن الآيس كريم بدون ملاحظة صاحب الدكان، ونقول له: انظر.. انظر.. لقد ربحت، أعطِني آيس كريم آخَر!

والمسكين يصدِّق لأنَّه يرى بأم عينه العلامة والآيس كريم المتبقي معلَّقًا عليه، ولا يدري بأنَّها حيلة مِن حِيَلِنا في سبيل أكل هذا الآيس كريم الحبيب!

حقًّا لَم نكن نعرف أنَّنا فعلنا الصواب أم الخطأ، فقط كان همُّنا الشاغل أن نحصل على ما نريد، ونتذوَّق حلاوة الوقت، وألَّا نفوِّت هذه اللحظة.

الماعز الدلوعة

في ركن مركون في إحدى زوايا البيت، ماعز لونها بنّيّ تجلس وتناظر أهل البيت ذهابًا وإيابًا، جميلة وأنيقة، نحبُّها وتحبُّنا ونحلبها كل صباح، ونشرب منها الحليب الطازج، نطعمها ونتحدَّث معها بالرغم مِن أنَّها لا تفهمنا، ولكن نشعر داخليًا بأنَّها تحسُّ بنا.

عندما تمرض نشعر بحزن وضيق؛ لأنَّنا لا نطيق رؤيتها تتألَّم، صحيح هي حيوان وليست إنسانًا، ولكن لا نفرِّق بذلك. تربَّينا سويًّا معها، وعشنا جميع اللحظات معًا دون تمييز ولا حرمان.

نتمشَّى معها دائمًا بين الفرجان والحارات ونحن مبتسمون، ونضحك ونتمتم معًا.

بيتنا بيتها، وكانت تحزن عندما كنَّا نغادر المنزل، ونتركها وحيدة تحدِّق بنظرات ودموع خانقة وكأنَّها تريد أن تتكلم وتقول: لا تذهبوا!

وذات يوم كئيب حلَّ بنا، حيث مرضَت هذه الماعز التي نعتبرها جزءًا مِن العائلة مرضًا شديدًا، ولَم نعلم ما سبب هذا المرض، وكنَّا خائفين عليها كثيرًا، ولا نعرف ماذا نفعل سِوَى تهدئتها بأي شيء.

وفجأة توقَّف قلبها، وسقطَت أرضًا وماتت، وفجعنا وحزنَّا عليها حزنًا شديدًا، حيث فقدنا جزءًا لا يتجزَّأ مِن أفراد الأسرة، وكانت رونق البيت ونوره.

وحزنَت أمِّي كثيرًا عليها؛ لأنَّها كانت تعتني بها دومًا، ولَم تقصِّر بها بأي شيء، وتعاملها مثلما تعامِلنا.

فراقها صعب، ولكنَّ هذه هي الحياة فانية، وكان هذا يوم أجلها.

رحلَت حقيقة مُرَّة، ولكن بقيَت متمركزة في القلب مثل الذرة (للأبد).

الغميضة

ومَن مِنَّا لا يعرف الغميضة؟! هي لذة وعشق طفولة الجميع في أيام رمضان الحلوة، ونسمع أصوات صلاة التراويح، نخرج ونتنزَّه ليلًا مِن بيت إلى بيت، وندقُّ أبواب منازل الجيران، وننادي الأطفال لكي يلعبوا الغميضة في ساحة الفرجان!

هذه اللعبة ليست مجرد لعبة، عندما يقوم أحد الأطفال بغمض أعينه يهرب الجميع، وينتشرون في جميع الأماكن بالحارة، بل ويغيبون بالساعات، يذهبون إلى أماكن بعيدة، ويظلُّ الطفل المسكين يبحث عنهم وهم هاربون مختبئون، ولكن دون كلل ولا ملل يظلُّ الطفل عازمًا لكي يعثر عليهم، وبعضهم يذهب إلى منزله يجلس ويأكل على راحته إلى أن يأتي هذا الطفل المسكين ويمسك به، وهو بكل برود يضحك ويبتسم.

حقًّا لَم تكُن هناك أي عداوة ولا كره في هذه الأيام المليئة بالشغف والحيوية، بل كانت هذه اللعبة ليسَت مجرد غميضة، بل كانت وسيلة للتقارب وعنوانًا للصداقة والأخوة آنذاك، حيث كان الأطفال مستمتعين بالظلام الدامس وهم يبحثون عن بعضهم، وكان تحدِّيًا بريئًا، وليس رهانًا به مال وهدايا، بل هدية الفائز كانت القلب الصافي الخالي مِن الحقد والكراهية، لا كما نشاهده هذه الأيام مِن أناسٍ قلوبهم كلها كره وحقد، وهم يتحدَّون بعضهم برهان ومال.

القطط المجهولة

بين جهل وغباء.. بين جدران مهجورة.. بين قطط مجهولة في بيت الجيران، نمشي له بخُطًى ثابتة وكأنَّه منزلنا، ندخل له بدون طرق الباب، ولا دقِّ الجرس، وبدون استئذان.

نعم كنَّا أطفالًا لا نعي شيئًا في ذاك اليوم وقت ساعة القيلولة، نفتِّش بين غُرَف هذا البيت المهجور، لا نجد بشرًا ولا صوتًا نسمعه سِوَى صوت قطط بألوان مختلفة، لا تجد أكلًا تأكله، ولا شرب ماء، ولا حليبًا تتذوَّقه.

مجموعة قطط تناظرنا وكأنَّها تقول في نفسها: مَن هؤلاء؟ ماذا يريدون؟ ماذا يعتقدون أنَّهم سيجدون هنا؟ لا ذهبَ ولا كنز موجود هنا! إذن ماذا يريدون يا تُرى؟!

بعدها قمنا بالركض وراء هذه القطط، حقيقة لَم نكن نعرف لماذا نلاحقها، وكنَّا نضحك بصوت عالٍ لدرجة أنَّ أصداء

أصواتنا تتعالى بين جدران هذا المنزل، والغريب في ذلك أنَّه لا يوجد به أي بشر ولا حشم، ولكنَّ الطامَّة الكبرى بأنَّنا أزعجنا هذه القطط، نعم أخطأنا، كنَّا نجري خلفها وهي متعَبة ولا تستطيع الركض مِن شدة الجوع والتعب!

كنَّا خائبين كثيرًا وقتها ومنزعجين بما قمنا به مع هذه القطط الوحيدة، وطلبنا العذر منهم، وجلَبنا لهم الماء، ورحلنا دون عودة مرة أخرى لها.

وساقنا الفضول مرة أخرى باليوم التالي، وقصدنا ذهابًا للاطمئنان على هذه القطط، والمفاجأة بأنَّ الجميع اختفى، فقمنا بالتحرِّي والبحث، وشكَّلنا فِرَقًا بيننا للبحث عنهم!

وفجأة.. صمتٌ رهيب حلَّ، وأعين مشدودة ومحدِّقة بذهول وتعجب!

عثرنا على القطط، نعم عثرنا عليهم، ولكن للأسف الجميع في زوايا مغلقة وقد لقوا حتفهم، ولا نعلم إلى يومنا هذا كيف ومتى ومَن قتلهم جميعًا!

خرجنا مِن هذا المنزل بكل حزن وأسف وقلب يتقطَّع عليهم وكأنَّنا نحن الملامون، ولكنَّ الحقيقة مجهولة مثل هذا البيت المجهول!

أتاري فاميلي

وما أدراك ما أتاري فاميلي؟! نعم.. آلة الزمن التي لَم نكن نفرِّط بها أبدًا، نلعب بها، ونغوص في زمن آخَر، لَم نكن نعشق سِوَى هذه اللعبة السوداء والبيضاء.

اليدان الاثنان على جهاز التحكُّم، والمهمُّ أنَّنا نلعب في مجلس المنزل الذي تحوَّلَ إلى غرفة ألعاب!

نجلس سَوِيًّا.. نأكل سَوِيًّا.. نضحك سَوِيًّا، ونبكي سَوِيًّا عند الخسارة في اللعبة، ونواصل المشوار دون كلل ولا ملل.

وذات يوم مرضَت هذه اللعبة ومرضنا معها، حيث تعطَّلَ شيء بها، ولا ندري ما هو!

نعم كانت الونيس الوحيد لنا كأول لعبة في ذلك الزمن، حيث لا يوجد سَوَاها مكتسح ساحة الألعاب.

وللأسف الشديد أنَّه لَم يتمَّ إصلاحها أبدًا لوجود عطل دائم وعنيد، وكأنَّها ملَّت منَّا، وعاندَتِ العودة لنا مرة أخرى،

ولكن بعد فترة وجيزة ابتسَمَ لنا الحظُّ؛ حيث جلب لنا والدنا هدية جديدة وقيِّمة، وأدخَلَ السرور علينا في يوم مِن أيام عشناها حزينة بعد فقدان (الأتاري)، حيث لَم يرضَ والدي رؤيتنا نعزي عليها كلَّ يوم، ودخلَت في حياتنا آنذاك لعبة جديدة بألوان جميلة وأنيقة اسمها (فاميلي) كانت مشاركة وونيسًا جديدًا في عائلتنا، حيث نتبادل الأدوار، ونلعبها باستمرار وفي جميع الأوقات، ننتظر فقط متى يرن جرس نهاية الحصة والعودة إلى المنزل لنرى تلك الأنيقة والجديدة بانتظارنا بكل لهفة وصبر!

نعم هي أيام تقليدية، ولكن كانت قيِّمة لنا، ليس كتلك الألعاب التي نشاهدها هذا اليوم بمال وجاه وصراع وضياع وغرس السلوكيات والمفاهيم الخاطئة، بل هذه اللعبة قيِّمة مِن ناحية ترابط الأسرة الواحدة، ولَمِّ شملها، واللعب سَويًّا دون الإخلال في عقولنا وزرع السلوكيات المشينة كما نراه في ألعاب هذه الأيام.. حقًّا افتقدناكم يا (أتاري وفاميلي).

كاميرا نيدو

يا أطفال.. يا أولاد.. اشربوا الحليب.. بالصحة والقوة اسألوا الطبيب.

نعم.. هذه الكلمات التي كنَّا دائمًا نردِّدها، ونشرب الحليب، والمقصود هنا ليس أي حليب، بل حليب نيدو بعينه لا سِوَاه!

نعم.. كنَّا شديدي القوة والحركة، وكان بطلنا الرشيق هو حليب (نيدو).

كنتُ مغرمًا بالتصوير، وعاشقًا له منذ الصغر؛ حيث أنتظر كل نهاية شهر عندما تشتري أمي علبة نيدو الكبيرة لفتحها ورؤية ما بداخلها وهي الهدية، ولكن لا يبتسم لي الحظ.

وذات يوم فتحتُ العلبة وبداخلها جنين جميلة وأنيقة (كاميرا نيدو).

نعم، تعطيني أمي هذه الكاميرا التقليدية والجميلة والتي لا تعمل إلا تحت فلاش أشعة الشمس.

أنتظر بلهفة وشوق وشغف كبير لأشعة الشمس الباردة والحارقة لتشرق كل صباح فقط؛ لكي أستعدَّ للتصوير، أصور حديقة المنزل.. الحيوانات.. الحشرات، والأشجار، وكل شيء أمُرُّ به، ولا أفوِّت مشهدًا في كل يوم إلا وأوثِّق مشاهد الحياة اليومية بكل حذافيرها!

أتمعَّن يوميًّا بهذه الكاميرا، وأكلِّمها وأشرح لها جدول اليوم بالمشاهد التي سوف أصوِّرها.

لَم أكن أتصوَّر يومًا بدون هذه الكاميرا، حيث كانت رفيقة دربي أينما أذهب وحتى حين أنام.

كنتُ طفلًا ليس لديَّ مدَّخرات سِوَى درهم واحد يوميًّا، وكيف لي بشراء كاميرا؟! فعندما وصلَتني هذه الهدية كيف لي أن أفرِّط بها؟! حيث كنتُ أنتظرها بفارغ الصبر والشوق الكبير لها.

وذات يوم مِن الأيام المشؤومة والمحزِنة.. كنتُ متَّجِهًا إلى دكان الحارة؛ لكي أشتري بعض السكاكر، وهذه الكاميرا معلَّقة بحبل طويل على رقبتي؛ حيث إنَّني قلتُ لكم إنني لا أستطيع أن أتركها لحظة، وإذا بقطيع مِن الأغبياء يمرُّون نحوي بسرعة فائقة، وقام أحد منهم بإطاحتي أرضًا، وإذا بصوت قوي كحادث

تصادم سيارة عنيف، ولا أرى سِوَى الكاميرا أرضًا محطَّمة ومتناثرة قطعة قطعة على جميع أرجاء المكان!

وسقطتُ أرضًا أبكي وأتحسَّر على الكاميرا العزيزة؛ حيث لا أقوى على فِراقها دقيقة، وهرعتُ مسرعًا راجعًا إلى المنزل أشكو وأنوح لأمي، وتقوم بتهدئتي لأسكت، وتقول لي:

- لا بأس يا بنيَّ، سوف أعوِّض لك بأفضل منها في الشهر القادم.

وأنا أردُّ:

- لا لا يا أمي، هذه صديقتي الوحيدة، ولا أستطيع أن أملك غيرها!

ومرَّ الشَّهر وبانتظار نفاده إلى آخِر قطرة منه، واشترَت أمي علبة النيدو الكبيرة، ولكنَّ الصدمة العظمى بأنَّه لا يوجد بداخلها شيء؛ حيث إنَّ نيدو أصبحَت عقيمًا، ولا يمكن أن تلد غير الكاميرا التي تحطَّمت معي.

ورحلَت عشيقتي دون عودة، وبدأتُ أحاول نسيانها، ولكن لا نسيان والقلب مختومٌ باسمها.

كرة القدم

هذه اللعبة التي هي معشوقة البشر، وفخر كل دولة في العالم، ولكن لَم تكن موهبتي التي حاولتُ تقمُّصها، ولا تستهويني، أنا أعلم بأنَّها ملهمة للجميع، ولكن ليسَت ملهمتي، يوجد هناك ملعب رملي وتقليدي بين أعمدة مِن حديد وملتوية متقشرة ألوانها بانتظار إخوتها الجيران باللعب فيها في مكان مليء بالشغف والحيوية بين منازل صغيرة وبسيطة.

نعم.. أذكر في كل يوم عصر عندما تبدأ عرض المسلسلات الكرتونية على قنواتنا المحلية، يأتي أحد الأصدقاء مِن الجيران، ويقف خلف باب المنزل مِن بعيد، يحدِّق وينتظرني بأن أستعدَّ لكي ألعب معهم هذه الكرة الدائرية التي لا أفهم معناها، ولكن يظلُّ ينتظر وأنا أدري بذلك، ولكنَّني أتجاهل وجوده؛ حيث إنَّني مِن عشَّاق الرسوم الكرتونية، ولا أريد أن أفوِّت أي حلقة أبدًا.

يبدأ صديقي بالصراخ:

- هيَّا تعالَ، الكلُّ في انتظارك، نريد أن نلعب تقسيمة.

وأرد:

- انتظِر.. انتظِر.. سوف تنتهي الحلقة وألعب معكم.

لكنَّ الإصرار والعناد عنوان تلك الأيام الخوالي، حيث صديقي ما زال ينتظرني إلى أن دخل منزلنا، وأمسكَ يدي، وشدَّني إلى الملعب، حيث الجميع في انتظار وترقُّب!

كنتُ مهطِع الرأس والوجه مشدود وغاضب لأنَّني لا أرغب باللعب أبدًا.

وبدأتِ اللُّعبة حيث كنتُ دائمًا حارس مرمى، ولا أحبُّ أن أركض وأجري، وكان يوجد شخص دائمًا أتشاجر معه ودائمًا على خلاف وغير متَّفقَين أبدًا، شجار بيننا دائمًا دون توقُّف سواء كان بسبب أم بغير سبب، ولكنَّ المفارقة هنا أنَّه خلاف وشجار وِدِّي وحب، وليس بيننا أي ضغينة أو كراهية، فبعد انتهاء اللعبة يبدو الأمر وكأنَّه لَم يحدث أي شيء بيننا.

وذات يوم ونحن نلعب كرة القدم، لَم أكن حارسًا بل كنتُ ألعب في مركز الدفاع، وأنا أبدًا لَم أكن أعرف قوانين اللعبة بتاتًا، وعندما تصل الكرة نحوي أقف متجمِّدًا لا أقوى على الحركة، ولا أستطيع فعل شيء، وكان هذا الشخص الذي دائمًا

أتشاجر معه كان يصرخ بصوت عالٍ جدًّا، ويقول لي: لماذا أنت واقف لا تتحرَّك؟! قُم بفعل شيء لا تقف كالجماد دون حراك!

وأنا في وقتها أحسُّ وكأنَّ شخصًا سكب عليَّ ماءً باردًا جدًّا، حيث أجد نفسي في موقف محرج، وأستشيط غضبًا منه وكأنني أريد قتله في وقتها، وأهجم عليه، وأنسى نفسي وقوانين اللعبة، وبدلًا مِن الهجوم على الكرة أهجم عليه، وأُسقِطه أرضًا، والكلُّ في حيرة واستغراب!

نتوقَّف عن اللعب، ونشدُّ بالكلام وكأنَّنا في ساحة حرب، والسبب فقط أنَّه أحرجني أمام الأصدقاء في الحارة، وننسى مَن الفائز والخاسر في اللعبة.

كنَّا نجلس بعدها نضحك ونلعب بالرمل بالملعب، وننسى أنَّنا كنَّا نلعب كرة القدم أصلًا، ونتسامح مع بعضنا بكلِّ حب ومودَّة.

هذه اللعبة فعلًا لَم تكن مكتوبة في مستقبلي بأنَّها الموهبة التي سوف أنطلق منها في حياتي، ولكن هي اللعبة الوحيدة التي جمعَتِ الأصدقاء في حبٍّ ووِدٍّ في مكان بين بيوت حاضنة لهذا الملعب الرملي الرائع الذي لَم أكن أتخيَّل يومًا بأنَّه قد يختفي، ويصبح مكانه شارعًا شاهدًا على ذكرياتنا الجميلة.

جسد واحد

إنهنَّ جسد في جسم واحد، أمهات مِن ذهب، وهنَّ أَمَّهاتي أيضًا.

صديقات أمي الأربع، رفيقات الدَّرب في كل مكان وحين، عنوان للصداقة والأخوة، يذهبن في كل مكان سَويًّا، لا يفارقن بعضًا أبدًا، كنتُ أنتظرهنَّ يوميًّا، حيث يأتين في كل مرة لزيارة أمّي، ويحضرن معهنَّ الأكل وبعض الحلوى.

أربعة أجزاء مِن جسم الإنسان، لا حسد ولا حقد بينهنَّ.

كنتُ دائمًا أسأل نفسي وأنا صغير: هل هنَّ أخوات مِن لحم ودم؟ لا أدري، كنتُ أعتقد بأنَّهنَّ فعلًا أخوات مِن أمٍ وأبٍ واحد؛ لأنَّني لَم أرَ صديقات مثل هؤلاء، يتشاركن بكل شيء، يحضرن الأكل، ويمارسن هوايات تقليدية وجميلة، مثل الحياكة، وبعض الطُّرق التقليدية لمعالجة الجيران.

نعم أُمِّي كانت طبيبة أعشاب طبية، حيث كانت تعالج الجيران ببعض الطرق التقليدية الغريبة، وصديقاتها يساعدنها.

لَم أفهم هذه الطرق إلى يومنا هذا، ولكنَّ الشيء الوحيد الذي فهمتُه أنَّهنَّ معًا سَوِيًّا كأخوات ويدٍ واحدة.

ذات يوم كنتُ أبكي بشدَّة وحرقة، ولا أذكر ما السبب، وأبي غضب كثيرًا مِنّي؛ لأنَّه كان متعَبًا، ويريد النوم وقت الظهيرة، وأمي تحاول تهدئتي، ولكن دون فائدة، فحملَني على ظهره، وإذا به يربط يديَّ تحت عمود المظلَّة الخشبية التي تجلس عليها وترتاح تحتها ماعز البيت الدلوعة، فطلبَت أمي المساعدة مِن صديقتها المحبَّبة، واتَّصَلَت بها لكي تفكَّ أسرِي مِن غضب أبي!

تلك الأيام لا تعرف قواعد المحارم؛ حيث كانت أيامًا كلها نية أخ وأخت وجيران وأصحاب.

وعندما قدِمَت صديقة أمي هرعَت مباشرة لي، وقطعَت الحبل، وضمَّمتني في حضنها، وقالت لأبي:

- مَن قال لك أن تفعل بابني هذا؟

نعم قالت ابني، كلُّنا أبناء بعض في هذه الحارة، وكلُّنا إخوة وأخوات.

مِن شدَّة العلاقة القوية التي تربطنا، وهي علاقة العائلة الواحدة وليست فقط علاقة جيران، أذكر حينها أنَّ أبي قد سكت، وذهب بعيدًا، وعاد لينام مرة أخرى.

شكرَت أمّي صديقتها كثيرًا، وذهَبَت لتكمل فروضها الأخرى في منزلها.

وأذكر موقفًا آخَر أيضًا، ففي كلِّ ليلة مِن ليالي يوم الخميس بالأسبوع ترسلني أمي لألف على صديقاتها العزيزات لتستعير بعض أشرطة أفلام هندية منهنَّ، ذلك الشَّريط المستطيل الأسود ذو العينين البيضاء.

كنَّا نستمتع سَوِيًّا بمشاهدة الأفلام الأكشن والرومانسية والعائلية، نعم إنَّهنَّ لسن مجرد صديقات، بل إنارة واقفة في حارة هذا المكان الذي ينير الخير والنور في جميع منازل الجيران. نعم إنهنَّ كوَّنَّ علاقة وطيدة في مشيمة واحدة.

خمسة دراهم

ذات يوم مِن أيام التسكُّع حول الفرجان، نعبر الوديان الرملية الخالية مِن مياه الأمطار نظرًا لفصل الصيف، تحوم حولها الكلاب الضالَّة!

كنتُ متَّجهًا وحدي إلى المنزل عائدًا مِن صيد ثمين وهو قطف اللوز الأحمر البرَّاق ليس ببعيد عن منزلنا القديم، وعندما عبرتُ نحو ممرٍّ ضيق في إحدى الفرجان بين المنازل إذا بي أدوس على ورقةٍ مدفونة تحت الرمال، لَم أنتبه لها، وظللتُ أحدِّق لها بتمعُّن ويداي ترتجفان بشدة وكأنَّني عثرتُ على كنز ثمين، وبقي التأكيد؛ حيث لَم أكن أتوقَّع بأنَّني سوف أعثر على شيء قد يفرحني.

وعندما غمستُ يديَّ تحت الرمال وأتحسَّس، وإذا هي ورقة نقدية، وعندما سحبتُ يدي للأعلى شعرتُ بأنَّ يدي تتحرَّك مِن تلقاء نفسِها وتتكلَّم، يا له هذا الجمال والإحساس!

فتحتُ عيني إلى أقصاها، ورأيتُ ورقة نقديَّة بقيمة خمسة دراهم، لَم أصدِّق أبدًا، والتفتُ يمينًا ويسارًا وأقول: لربَّما هي لشخص ما وقعَت منه دون أن ينتبه لها.

ظللتُ ألتفتُ يمينًا ويسارًا، ولكن لَم يكُن هناك أي أحد بالجوار، فعدتُ مسرعًا للبيت وكأنَّني أحمل صرة ثمينة، ويدي في مخبئي الأيمن مِن الكندورة (الثوب)، وأنا لا أقوى على تصديق هذه اللحظة بأنَّني عثرتُ على هذه النقود!

وعندما وصلتُ إلى المنزل إخوتي لاحظوا مِن مشيتي، وأنا أتبختر يمينًا ويسارًا، لَم يعرفوا السبب مِن شدة فرحي وسروري، ولكني أجبتُهم بأنَّني فقط عثرت على لوز جميل وطعمه أجمل ولذيذ، حيث لَم يعرفوا السبب الحقيقي وراء هذا الفرح والسرور علي وجنتي!

نعم أعترف بأنَّني كذبتُ، ولكن لَم أكن أريد أحدًا أن يشاركني هذه النقود، هي مِلكي أنا!

وعندما حلَّ الظلام، وحان وقت النوم، ظللتُ أفكِّر وأفكِّر، وأقول في نفسي: ماذا أفعل بهذه النقود؟ هل سأشتري بها درَّاجة أم لعبة؟

حقًّا كنتُ فقير التفكير، فهي ليسَت سِوَى خمسة دراهم، لا تكاد تشتري منها سِوَى حلوى فقط، ولكنَّ هذه الطفولة لا تعرف قيمة المبلغ، بل قيمة الفرح والسرور الذي سوف أحقِّقه بهذه النقود بغضِّ النظر عن كثرتها أو قِلَّتها!

ولكن فجأة وبدون سابق إنذار، خالجَني شعور سيئ جدًّا، فكنتُ أفكِّر لمن هذه النقود؟ يبدو أنها لشخص محتاج لا شك، وتساؤلات كثيرة مرَّت في خاطري دون إجابة!

وفي الصباح الباكر، ذهبتُ مباشرة إلى أمي، وأخبرتُها عن السِّرِّ الدفين الذي أخفيتُه عن الجميع، وقالت لي أمي:

- يا بنيَّ، إذا عثرتَ عليها فهي حقك، ولكن إذا مرَّ أحد على منزلنا يسأل عنها فهي ليست مِن حقِّك.

مرَّت أيام وأيام، ولَم يسأل عنها أحد، وقالت أمي:

- يا بنيَّ، الآن هذا المبلغ هو حقك، لربَّما هو هديَّة مِن الله لك، اصرف منها بالشيء المفيد.

صحيح هو مبلغ قيمته بسيطة جدًّا في تلك الأيام، ولكنَّ القيمة الأسمى كانت الأمانة التي فُقِدَت لدى بعض البشر في هذه الأيام.

كاساندرا

مَن منَّا لا يعرف كاساندرا وحبَّها المجنون؟! مَن منَّا لا يعرف هذه المكسيكية؟!

نعم كنَّا نعتقد أنَّ هذا المسلسل مكسيكي، والواقع هو فنزويلي، وهو المسلسل الذي عشقه جيل الثمانينيات عشقًا دفينًا وأنا منهم.

نعم أنا منهم، كنَّا دائمًا نأكل وجبة الغَداء بسرعة، وبعد ذلك هلمَّ إلى التلفاز الخشبي مباشرة في الساعة الثانية ظهرًا بانتظار هذه المجنونة المكسيكية الفنزويلية!

صحيح لَم نكن نفهم الكثير مِن اللغة العربية الفصحى المدبلجة، ولكن كنَّا نتمعَّن بعمق شفاههم ونبرات أعينهم وملامحهم، وكنَّا نفهم كل شيء، ومجريات أحداث الحلقات.

في تلك الأيام عند عرض هذا المسلسل لَم تكن هناك مسلسلات تدبلج إلى اللغة العربية الفصحى، حيث كان هذا المسلسل هو الأول في تلك الحقبة مِن الزمن أيام التسعينيات، وأذكر حينها جميع سكان الحارة ينتظرون بكل لهفة وشغف لمشاهدة كاساندرا، وراندو، وإغناسيو.

صمت رهيب، والطرقات خالية، والناس مختبئون، فقط لمشاهدة هذا المسلسل العجيب.

أحداث مشوِّقة، وساعات طويلة ونحن نتمعَّن ونراقب بصمت، وخادمتنا شاندرا معنا.

الجميع نعم، الجميع دون استثناء، أذكر حينها عندما تهطل الأمطار الغزيرة في منطقتنا ويتشوَّش إرسال القناة، والمسلسل يُعرَض، فيجري سريعًا أحد إخوتي مباشرة، ويتسلَّق فوق المكيف ذي الأصوات الرنَّانة، ومباشرة يقفز إلى سقف المنزل، كل هذا فقط ليدور (الإيريال) العمود الحديدي للإرسال القديم يمينًا ويسارًا، وذلك بهدف تصفية القناة، ولكي تتَّضح الصورة، فلا نريد أن نفوِّت أي لحظة مِن لحظات المسلسل.

ذات يوم مِن أيام عرض المسلسل أذكر حينها أمرًا قد حدثَ، ولَم نكن نتوقَّعه، وليس في بالنا والحسبان، وهو تعطُّل هذا التلفاز الخشبي، ولَم يعُد بإمكاننا رؤية حلقات المسلسل.

بكينا بكاءً شديدًا، وخيَّم على البيت جو الحزن والكآبة؛ لأنَّ التلفاز الخشبي لا يعمل، وذهب به والدي إلى الميكانيكي لكي يصلحه، ولكن يحتاج أيامًا لكي يتماثل إلى الشفاء، ويعود إلى عافيته مرة أخرى!

ونحن بانتظار وترقُّب كاساندرا، ولكنَّ الحلقات والأحداث كلها فاتتنا، وكيف سنلحق هذه الأحداث الآن وهي تجري مِن أمامنا؟!

كان الحلُّ الوحيد بأن نذهب إلى الجيران، ونجلس معهم، ولكن ليس كل يوم، وإلى متى؟ وأمي لا تسمح لنا، وذلك منعًا للإحراج، وبالذَّات وقت عرض المسلسل ظهرًا، وهو وقت سكون وقيلولة آبائنا وهم متعبون منهكون مِن العمل.

ومرَّت أيام.. وأسبوع، وأخيرًا تمَّ إصلاح صديقنا الخشبي، وأحضره أبي للمنزل، وقمنا باحتضانه وتقبيله؛ لأنَّنا متشوِّقون لرؤية مسلسلنا كاساندرا.

حقًّا كانت أيامًا، حيث ذاع صيت هذا المسلسل في جميع أرجاء المعمورة؛ لأنَّه لا يوجد مسلسل سِوَى كاسندرا المكسيكية. وبسبب هذا المسلسل ونحن نحلم ونتخيَّل وكأنَّنا في المكسيك، ونتلهَّف شوقًا لزيارة هذه الدولة، والمفترَض أن نتخيَّل

فنزويلا بدلًا مِن المكسيك، وفي الواقع والحقيقة أنَّه إلى يومنا
هذا لَم نزرها!

الدرَّاجة الخضراء

رفيقة دربي، وحبيبة عمري، وعاشقة المغامرات في مسافاتي البعيدة، هي مذهلة وجميلة وذات لون أخضر لمَّاع، متأنِّقة دائمًا في جميع الرحلات، تتَّسخ ولكنَّها تبقى بحلَّتها الرائعة ومتألقة!

نعم أحبَّائي، أسرد لكم وأعرِّفكم بصديقتي المقرَّبة في دروبي ومشقَّاتي في رحلاتي.

عندما كنَّا ندرس في المرحلة الابتدائي، وننتظر إلى حين ختام الفصل الدراسي كما اعتدنا في كل سنة بعد نجاحنا في المرحلة الدراسية، نحصل على هدية مِن والدي وأمي؛ تكريمًا على جهودنا الدراسية، وهذه المرَّة كانت الهدية عظيمة ورائعة، حيث كانت لكلِّ واحد منَّا أنا وإخوتي عروس جميلة (دراجة) لكي تكون رفيقة الدرب أينما نذهب!

نعم هي دراجتي الخضراء التي لا أقوى على نسيان لحظات عمري معها، حيث تذرف دموعي على ذكراها.

بعد قدوم العروس الجديدة إلى البيت، وأنا طبعًا كنتُ شغوفًا متلهِّفًا على لقائها والتعرُّف عليها، ولكنَّ المشكلة أنَّه لَم يخطر على بالي كيفية ركوبها وقيادتها؛ حيث إنَّني لأول مرة أقود درَّاجة، ولا أعرف تعلُّمها!

أذكر تلك الأيام، كنتُ أنا وأخي الأصغر نتعلَّم كيف نركب الدراجة، وكان يعلِّمنا أخي الأكبر منَّا سنًّا.

محاولات جادة، وكل مرَّة أقع أرضًا، كانت مرحلة صعبة لي وكأنَّني أتعلَّم قيادة سيارة والحصول على الرخصة!

أخي الأكبر كان يعرف القيادة جيدًا، وأخي الأصغر منِّي تعلَّم بسرعة ركوب درَّاجته السوداء وقيادتها، ولكنَّ درَّاجتي الخضراء عانت معي الكثير؛ حيث كنتُ دائمًا أقع أرضًا عندما أجرِّب ركوبها وقيادتها في الحارة، والكلُّ ينظر نحوي بكل استغراب، ويتمتِم مع نفسه وكأنَّهم يقولون: يا له مِن غبي، لا يعرف ركوب الدراجة ولا قيادتها.

كانت دراجتي صغيرة، كنَّا نسمِّيها (سايكل 16 م) بهذا الحجم، وكنتُ أفكِّر وأفكِّر كيف هي الطريقة المثلى للتوازن أثناء قيادة الدراجة وتجنُّب الوقوع أرضًا؟

دائمًا كنتُ أبكي مع نفسي؛ حيث أرى الجميع يستطيع ركوب الدراجة إلّا أنا.

وذات يوم خطرَت في بالي فكرة، وقلتُ يجب أن أجرِّبها، حيث ركبتُ الدرَّاجة، ووضعتُ قدمي على رجل الدرَّاجة، وأخذتُ نفَسًا عميقًا، والعرق يتصبَّب مِن جبهتي نزولًا إلى عيني، والعين محدِّقة بعمق إلى الهدف الذي أريد أن أحقِّقه، ونظراتي إلى ذلك الشارع المقابل الذي يجب الوصول إليه دون أن أقع مِن على الدرَّاجة.

١ ٢ ٣، وبدأ السباق، وبدأتُ بكلِّ سرعة فائقة لكي لا أفقد التوازن وأقع، نعم.. قليلًا سأصل، مجرَّد ثوانٍ معدود لا تفقد الأمل أرجوك.

نعم نعم، ستصل.. فقط تحمَّل، والكلُّ في الحارة يحدِّق نحوي وبدقة متناهية.

نعم نعم.. وصلتُ إلى الشارع، فعلتُها نعم، ولكن في آخِر لحظة وبسبب السرعة الزائدة فقدتُ التَّوازن قليلًا عندما وصلتُ إلى الشارع، ولا أدري ماذا حدث سِوَى أنَّني أرى السماء والغيوب المتقطِّعة.

نعم سقطتُ أرضًا، والكلُّ هرع نحوي يساعدني، ولكن تأذَّت ساقي، وتألَّمت كثيرًا، لَم أشعر بشيء سِوَى الصَّدى مِن كل صوب، وأصوات يمينًا ويسارًا: هل أنت بخير؟ قم هيَّا نساعدك!

وأنا حينها لَم أفكِّر سِوَى في دراجتي، لَم أفكِّر في نفسي، كنتُ أخشى أن يحدث لحبيبتي مكروهٌ.

وأنا أسال الجيران: هل الدرَّاجة بخير؟ والكلُّ يقول: لا تخَف هي بخير، المهمُّ أنتَ يا صاحبي.

نعم.. في تلك الليلة لَم أنَم وأنا أفكِّر كيف حدث هذا، كيف؟ لقد وصلتُ ولكن كيف وقعتُ؟ مَن هذا الشيطان اللعين الذي أوقعني؟

وبعد فترة وجيزة بعد شفائي التَّام، رجعتُ أحاول إلى أن تمكَّنتُ في النهاية مِن أن أصل إلى هدفي.

نعم تعلَّمتُ، تعلَّمتُ في النهاية، وأصبحتُ محترفًا، درَّاجتي علَّمَتني العزيمة والإرادة، ومَن يريد التَّعلُّم عليه الصبر وبذل الجهد لكي يحقِّق هدفه.

حقًّا لَم تكن درَّاجتي الخضراء فقط دراجة، بل أعطَتني الضوء الأخضر لكي أصل إلى ما أريد وأصبو إليه.

الصيد

حان وقت الصيد، يجب أن أصيد سمكة جميلة وطعمها لذيذ ورائع!

تلك أيام كنَّا نقضيها مع أبناء عمي لتعلُّم الصيد، حيث تعلَّموا إرثًا مهمًّا في الحياة، وهو صيد الأسماك، تعلَّموا تلك المشقَّات والمغامرات مِن عمي (رحمه الله) حيث كان ملهمًا وعاشقًا للبحر ومغامراته.

نخرج دائمًا سَوِيًّا، ونذهب للبحر، وذلك لتعلُّم صيد الأسماك وكيف هي الحياة البحرية مع الأصدقاء الأسماك.

لَم أكن أعرف أي شيء عن البحر، ولا الصيد، ولا أفقه في الحياة البحرية ومشقَّاتها أبدًا.

وبدأت الخطوة الأولى، أضع الخيط في إبرة الصيد، وأجهِّز العدَّة كلها وأنا أتابع أبناء عمي بكل خطوة، وأراهم يصطادون واحدة تلو الأخرى، وأنا ما زلتُ أنتظر لا أرى شيئًا أبدًا.

وأنتظر وأنتظر، ولكن دون فائدة، ويقول لي ابن عمي: افعل كذا وكذا.. وأنا مثل الصَّنم لا أُحرِّك ساكنًا.

لا أدري ما المشكلة، ولكن عرفتُ وتيقَّنتُ بأنَّ هواية الصيد ليسَت موهبتي، ولَم تكن مغروسة في عقلي.. حاولتُ وأحاول، ولكن دون جدوى.

وذات يوم مِن أيام رحلات الصيد المعتادة مع أبناء عمي، كنتُ مع أحدهم، وقال لي:

- سأُريك كيف نصطاد سمكة (النغر).

وذهبنا.. ولكن لا أرى ابن عمي يحمل بيده أى شيء مِن عدَّة الصيد، وأنا أستغرب هل هو يمزح معي أم ماذا؟!

سألتُه:

- أين هي عدة الصيد يا بن عمي؟!

يردُّ:

- أنت فقط انتظِر وسترى!

نعم، وصلنا إلى المكان، والبحر جميل وأزرق شفَّاف، والنور ساطع، والشمس منعكسة على هذا البحر الجميل! وإذا بسمكة

(النغر) تحوم بكثرة في هذا المكان، وجلس ابن عمي، وفقط مدَّ يده في داخل هذا الجزء مِن البحر بالقرب مِن الشاطئ، وإذا به يصطاد بيده، نعم عن طريق يده فقط دون عدَّة الصيد المعتادة!

تعجَّبتُ كثيرًا، عيناي لا تصدِّق ما أرى، هي مهارة فائقة، وابن عمي يستمتع كثيرًا، وأنا ما زلتُ لا أصدِّق ما أرى، نعم هذه مهارة فائقة، وأنا أسأل نفسي: كيف لا يخاف أن تعضَّه هذه السمكة؟! ولكنَّه ما شاء الله غيرُ مبالٍ، فقط يركِّز وعيناه نحو السمكة، واحدة تِلوَ الأخرى يصيد دون توقُّف، وقال لي كلمة لن أنساها طوال حياتي إلى هذا اليوم: يا بن عمي، إذا كانت موهبة الصيد نابعة مِن أعماق قلبك، فتأكَّد بأنَّك سوف تصيد دون توقُّف، والسمكة سوف تأتي تحت قبضة يديك سواء مع عدة الصيد أو بدونها.

ورجعتُ إلى المنزل وكلامه يرنُّ في أذني، وقلتُ في نفسي: لماذا لا أعرف الصيد؟ ما السبب؟

نعم، في الحقيقة لَم تُغرَس موهبة الصيد في داخلي، ولَم تكُن هوسي وشغفي منذ البداية، وكم كنتُ أتمنَّى أن أتعلَّمَها، ولكنَّ محاولاتي فشلَت كلُها.

نعم.. لا أنكر بأنَّني لا أحبُّ رحلات الصيد، ولا أحبُّ مغامراته، ولكن حاولتُ وحاولتُ ولكن دون فائدة، ولعلَّ موهبة الصيد لَم يكن لها جزءٌ في حياتي، ولَم يكتبها الله لي على جبهتي منذ ولادتي، وإلى يومنا هذا لَم أتعلَّم الصيد أبدًا.

حب مزيَّف

ورقة وقلم رصاص، وكراسة بلون أبيض ذات صفحات بخطوط زرقاء فاتحة.

في بداية كل يوم أستلقي على ظهري في أي زاوية وأي مكان مِن زوايا البيت القديم، أسرح بخيال واسع، وأعصر أفكاري، حيث قرَّرتُ أن أبدأ بالكتابة؛ لأروي وأكتب ما حدث، ولكن لا أدري ماذا أكتب، حيث إنَّها في بداية طريقي للكتابة.

وبدأتُ أسرح وأطير بخيالي إلى السماء، وأحاول أن أكتب أي شيء ولكن دون جدوى، حيث أغيّر رأيي في كلِّ مرة أريد الكتابة فيها، ولكنَّ هناك وحيًا مِن ورائي يكلِّمني ويقول: اكتب.. اكتب، إيَّاك والتراجع.

نعم.. رغبة جامحة وقوية وحالمة تخبرني بأن أكتب رغمًا عنّي.

وفتحتُ أوَّل صفحة، وقرَّرتُ الكتابة، ولكن ماذا أكتب؟ غرقتُ فجأة داخل الكراسة وكأنَّ أحدًا شدَّني إليها، أحاول أن أسحب نفسي، ولكن كأنَّ مغناطيسًا قويًّا يسحبني وبقوة!

نعم.. خطفَتني الكراسة، ودخلتُ في أعماق قلبها دون عودة، حيث لا أرى سِوَى جدران بيضاء مِن ورق.

وبدأتُ أكتب دون توقُّف، وكانتِ القصة عن حبٍّ وكأنَّني أعيشه، نعم.. إنَّني دخلتُ داخل هذه الكراسة، ورميتُ خلف ظهري حياتي الواقعية؛ حيث إنَّني الآن في حياة مزيَّفة ولكن بلا شعور، وأعيش الآن قصة حبٍّ واقعية مزيَّفة، رومانسية كالأفلام الهندية، وعشقًا دفينًا، وحرمانًا، واضطهادًا، وعدُوًّا لعينًا، وحاقدًا، ومسكينًا، وطروادة، وجنودًا متخفِّين.

نعم.. كلُّها قصص وأنا في داخل هذه الكراسة أكتب وأكتب دون إحساس مَن هم حولي ومَن يراني ويراقبني.

راح عقلي وقلبي، وبقي الجسد في الهواء يسبح في خيال بعيد لا أساس له.

كنتُ أكتب وأكتب، وكلُّها قصص متناثرة ليس لها حبكة ولا نهاية سِوَى الكتابة.

بعدها مرَّتِ الساعات والأيام، والأسطر امتلأَت كلُّها بقصص حبٍّ مزيَّفة لا أساس لها مِن الصحة.

عشقتُ.. ولكن ما العشق؟ لا أعلم، ومَن عشقتُ؟ هل إنسانة أم حيوانة أم جماد؟

سوى حب (الكتابة) بكلِّ معانيه، ولكن لَم يكن الحب الذي يعرفه الكبار، بل حب الصغار الجاهل الذي لا يعرف معترَك الحياة، ومشاقَّ الحب والعشق، والحقيقة في النهاية.

وفجأة شعرتُ وكأنَّ أحدًا أخرجَني مِن هذه الكراسة، وأنقذني منها.

والحقيقة بأنَّ هذه الكراسة ملَّت منِّي ومِن كتاباتي المزيَّفة؛ حيث امتلأت مِن سخافاتي التي لا نهاية لها ولا هدف لها، ومِن نفسها أخرجَتني مِن باطن قلبها، ورمَتني خارجًا، وقالت لي: أرجوك لا تعُد إليَّ مرة أخرى.

نعم كتبتُ، وما زلتُ أكتب ولكن بعد إدراكي ماذا أكتب فعلًا، فعرفتُ الحقيقة بأنَّ الحب ليس فقط أن تكتب بدون أن تشعر، بل عندما تكتب قصصًا عن حب ورومانسية يجب أن يكون لها بطل وبطلة وبداية ونهاية، ولكنَّني فقط كنتُ أكتب لأملأ الكراسة بسبب حبي للكتابة، حيث إنَّني أكتب لأول مرة قصص حب وعشق، وفي الواقع كنتُ أكتب عن حبٍّ مزيَّف، وواقع أعيشه مع هذه الأوراق ليس إلا!

تدري ليش أزعل عليك

كلمات كنَّا نسمعها دائمًا أيام العيش في هذا البيت القديم،
مِن الصباح إلى المساء.

كنَّا نردِّدها دائمًا؛ لأنَّنا نعشق هذه الأغنية لكي لا يسود بيننا
أي زعل وحزن.

نقفز فوق الأسطح على جدران المنازل فوق أغصان
الأشجار وبين الوديان والممرَّات ونحن نردِّد ونغني: "تدري ليش
أزعل عليك".

نعم.. أغنية عاشها الجميع في تلك الأيام مِن التسعينيات،
حيث الجميع يمشى ويردِّدها لكي لا يزعل مِن أي أحد.

موضة تلك الأيام، أيام الكاسيت الصغير وعليه صورة
أحلام.

عشقتُ أغنيتها، تعرَّفتُ عليها مِن خلال هذه الأغنية، حيث انغرستُ في مخيلتي:

"تدري ليش أزعل عليك، أعشقك وأموت فيك، ينكسر خاطر بدوني".

كلمات رائعة انطبعَت على وجوهنا، لا زعل بيننا، ولا نزعل أحدًا، فكلُّنا نعيش بكل وئام ومحبَّة، لا ضرر ولا ضرار.

لحظات جميلة، وذكريات حب تدوم وتدور على مرِّ الأيام والسنين.

لَم أعرف الزعل قط في تلك الأيام، وعندما أصدرتُ هذه الأغنية والكل عشقَها آنذاك، وضعتُ بصمة بأنَّ عنوان الزعل مرفوض بيننا.

أذكر ذات يوم مِن الأيام أنني زعلتُ زعلًا شديدًا جدًّا، وخاطري كان مكتئبًا جدًّا، حيث كانت خادمة المنزل تقوم في ساعات الصباح الباكر، ذاهبة إلى المطبخ والجوُّ باردٌ جدًّا، وكانت تحمل على كتفها أحد إخوتي الصغار معها إلى المطبخ؛ لأنها لا تقوى على فراقه وتركه في الغرفة لكي لا يخاف، وشعرتُ بذلك؛ حيث فتحتُ عيني وأراها تحمله، ولَم تحملني معها، وكنتُ منزعجًا جدًّا وحزينًا، فقد حزَّ في خاطري حزنٌ وزعل شديد، وبكاء دفين، حيث شعرتُ بأن لا أحد يحبُّني، وسألتُ

نفسي: ولماذا لا تحملني معها أيضًا؟! وقمتُ بحمل فراشي معي، ولحقتُ بها إلى المطبخ، ونمتُ بجوار أخي الصغير!

تعجَّبَت الخادمة، ونظرَت بوجهي وابتسمَت، وواصلَت إعداد وجبة الإفطار.

كنتُ أغار ولكن لا أعرف معنى الغيرة، كنتُ أحزن ولكن لا أعرف معنى الحزن سِوَى حزن على الشيء لمدة قصيرة، وأرجع أضحك وكأنَّ شيئًا لَم يحدث!

أدركتُ "تدري ليش أزعل عليك" لماذا طُرِحَت في هذه الأيام، في وقت كان الزعل يشدُّ أسري لفترات، وكنتُ أشتدُّ حزنًا وأبكي بحرقة، ولكن لَم أعرف لماذا كلُّ هذا الزعل الشديد الذي لن يُحدِث فرقًا ولا تغييرًا في حياتي سوى فقدان الصبر والتحمُّل، ولكن بعد أن سمعتُ هذه الأغنية أدركتُ فعلًا بأنَّ الزَّعل ليس له نتيجة سِوَى خيبات الأمل التي سوف تعرقل مسيرة حياتي، وقطعتُ عهدًا على نفسي بأنَّ الزعل مرفوض، والتفاؤل والعزيمة والإرادة هي مفتاح تحقيق الأهداف، ومسح لحظات الزعل التي تعكِّر صفو الحياة وتحقيق الأهداف!

المجلّات

صورٌ وقصصٌ قصيرة، ومقالات كثيرة لا أفهم منها شيئًا، نعم.. كنتُ مِن عشَّاق المجلات، أجمع درهمًا درهمًا؛ لكي أشتري مجلة "كل الأسرة" بخمسة دراهم!

أذكر حينها أنَّني كنتُ في كل يوم ثلاثاء مِن أيام الأسبوع عندما تصدر نسخة جديدة مِن المجلة أنتظر بفارغ الصبر واللهفة لها في فترة الظهيرة والحر الشديد، فأركب درَّاجتي الخضراء مسرعًا إلى السوق؛ لكي أشتري هذه المجلة.

نعم أقود لمسافة طويلة حيث المجلة كانت تباع هناك في سوق المدينة، والعرق يتصبَّب مِن جسمي في كل مكان، ولكن لا يهم، والمهمُّ أن أحصل على هذه النسخة الجديدة.

نعم وصلتُ للمحل، وتسلَّمتُ نسختي الجميلة، وأحضنها بصدري مسرعًا بها إلى المنزل.. أقلِّب صفحات المجلة، أشمُّ

رائحتها لكي أغوص في صفحاتها وعالمها، وأفهم كل كلمة مكتوبة فيها، وأعيش لحظات القصص والموضوعات المكتوبة فيها.

كان يصعب عليَّ القراءة؛ لأنَّني في بداية مشواري في الدراسة، وأكتفي بقراءة بداية الأسطر، ومِن ثمَّ أحدِّق بالصور؛ لكي أفهم محتوى القصة المكتوبة.

عشقتُ هذه المجلة فقط لأرى الصور والأماكن الخلابة في بقاع الأرض، ولحظات الفنَّانين العرب مِن كلِّ مكان.

وكنتُ دائمًا عندما أشتري المجلة أتفقَّد الهدية المرفقة مِن قصص الأطفال أو (تستر) مِن رائحة أحد العطور الفخمة، حيث كنتُ أحبُّ هذه التسترات مِن العطور؛ لكي أتعطَّر منها.

وذات يوم خطرَت في بالي فكرة مِن الأفكار المعتادة، ولكن هذه المرة الفكرة مختلفة، حيث كنتُ أتفقَّد صفحة الصور الشخصية للتعارف، وأشاهد الناس يضعون صورهم في هذه الزاوية مِن المجلة، وقلتُ: لماذا لا أشارك وأضع صورتي أيضًا؟

نعم.. خطرَت في بالي هذه الفكرة الجهنَّميَّة دون التفكير بالعواقب، وخاصَّةً في تلك الحقبة مِن الزمن لَم يكن أحدٌ مِن سكَّان حارتنا تخطر في باله مثل هذه الفكرة الجريئة، ونشر صوره الخاصة في مثل هذه المجلات، ولكن قلتُ في خاطري: لِمَ لا أجرِّب ذلك؟

نعم فعلتُ ذلك، وضعتُ صورة قديمة غير واضحة والشكل غير مرتَّب، وأخذتُ عنوانِ المجلة لكي أرسل لهم، حيث كانت الطريقة الوحيدة آنذاك عن طريق صندوق البريد، ووضعتُ صورتي في ظرف صغير، ووضعتُها مِن بين الأظرف الموجودة لدى والدي في غرفته بدون أن أخبره أيَّ شيء.

ومرَّتِ الأيام إلى أن أتى يوم الثلاثاء، وقلبي يدقُّ بسرعة، وذهبتُ مسرعًا لشراء المجلة.

نعم فتحتُ صفحة صفحة؛ لكي أصل إلى صفحة زاوية الصور الشخصية للناس في المجلة، وأرى صورتي معروضة.

نعم.. نعم صحيح ما سمعتُم، صورتي معروضة في المجلة، وفرحتُ كثيرًا دون الاكتراث لشيء، علمًا بأنَّني لَم أُخبِر أحدًا، واعتقدتُ بأنَّني الوحيد بالعالم الذي يشتري هذه المجلة، ولن يعرف أحد مِن أهلي والحارة، حيث كان في بالي عند عرض صورتي هنا أنَّني سوف أُصبح مشهورًا والكلُّ سوف يعرفني ويتعرَّف عليَّ.

نعم كنتُ أفكِر في زاوية ضيقة وصغيرة وجاهلًا ما سوف يقوله عنِّي الجميع، ولكنَّني لَم أكن مكترثًا لأحد، وعرف عنِّي الجميع في الحارة، وبدأتِ السخرية والضحك عليَّ، غير العقاب

الذي حصلتُ عليه مِن أهلي، حيث حبسوني في المنزل؛ لأنَّهم كانوا يعتقدون بأنَّني أحدثتُ فضيحةً لهم!

نعم تفكير جاهل، وعُرفٌ قديم معقَّد آنذاك، ولكني شعرتُ بأنَّني أخطأتُ نوعًا ما، حيث إنَّني باندفاع لَم آخذ الإذن مِن أهلي، وخطوتُ خطوة كانت أكبر مِن عمري، ولكنَّ أيام الطفولة لا حساب لها سِوَى تعلُّم الأخطاء منها وعدم تكرارها في المستقبل.

الهدايا

في انتظار كبير، وشوق ولهفة لا توصف، في تلك الأيام المشوِّقة أيام بها سباق على النصر.

نعم هي أيام فيها سباق على النصر، وجني الثمار مِن الهدايا القيِّمة والثناء والشكر.

كنَّا نراقب أبي بصمت وهو يشارك في أحد السباقات البحرية المقامة في تلك الأيام في العاصمة الحبيبة أبوظبي.

نعم سباق القوارب الشراعية التراثية والتقليدية التي كان دائمًا يشارك بها أبي، حيث ننتظره بكل شوق ولهفة على التلفاز؛ لكي نراه ونكحل أعيننا وأبي يجدف، ويلاطم الموج في البحر، وهو في ذلك القارب البنيّ الخشبي، وحوله أصدقاؤه يشدُّون ويؤازر بعضهم بعضًا.

نعم، كانوا رفاقًا متعاونين، وقلوبهم قلب واحد في الحلِّ والترحال، ونحن كنَّا فقط نكتفي بالتشجيع خلف الشاشة، أي ننتظرهم ونراقبهم على التلفاز، حيث كانوا يبثُّون المسابقة على الهواء مباشرة.

نجلس جميعًا مع أصدقاء الحارة، حيث إنَّ جميع آباء الحارة مشاركون في المسابقة، ونترقَّب تلك اللحظة، ونتمعَّن بشدة إلى الشاشة الصغيرة، وننتظر ظهور وجه أبي على الشاشة، وعندما نراه نقفز مِن مكاننا فرِحين، حيث كنَّا نعتقد أنَّ مجرد ظهور وجه أبي على الشاشة سيجعله مشهورًا جدًّا.

نعم.. وأخيرًا ظهرَ وجه أبي وهو ممسكٌ ذلك المجداف، ويجدِّف بكل ما أوتي مِن قوة، مرهقًا.. مشدودًا.. متحمِّسًا لقطف ثمار الفوز ونَيل الهدايا.

كنَّا دائمًا معتادين مشاركة أبي في هذا السباق التراثي والتقليدي في بلادنا الحبيبة، حيث تكون فعاليات الاستعداد لهذا السباق أيامًا كلَّها صيت سباق القوارب الشراعية آنذاك.

القوارب المشاركة مِن جميع دول الخليج، وأذكر في تلك الأيام أنَّنا كنَّا دائمًا بالصدارة وقوارب الإمارات هي المتقدمة، وآباؤنا هم المتميزون دائمًا.

الناس كثر، والجماهير يملؤون المكان، وأصوات تتعالى، والكلُّ في ترقُّب، ونحن نترقَّب عودة أبي سالمًا ومحمَّلًا بتلك الهدايا السخية.

وأذكر حينها أنّه عندما ينتهي السباق ويُحدَّد الفائزون والمراكز الأولى أنّنا كنَّا ننتظر بفارغ الصبر عودة أبي يفتح باب البيت بسرعة؛ لكي نبارك له المجهود والفوز العظيم.

يصل أبي للبيت في ساعة متأخرة والكل نيام، ونحن تحت فراشنا مترقبون لرؤية تلك الهدايا التي سوف يُحضِرها لنا أبي، ولكنَّ المدرسة هي العائق الوحيد، نعم أمي لا تتحمَّل رؤيتنا نسهر وبانتظار أبي وغدًا صباحًا لدينا مدرسة!

وبمجرَّد أن نسمع صوت أبي في الصالة، نقوم بسرعة خلف باب الغرفة نتجسَّس ونستمع لأصوات أمي وأبي، وندخل إليهما فجأة، ونبارك لأبي فيعطينا تلك الهدايا التذكارية، وأذكر حينها أنها كانت مجرد ألعاب صغيرة مِن ماجد لعبة خشبية، وقوارب شراعية خشبية!

لا يهمُّنا قيمة تلك الهدايا، بل الأهم أنَّها كانت مِن أبي، وهي هدايا أتَتنا مِن مكان بعيد مِن العاصمة الحبيبة، وهذا كان يكفينا، ويكفي أنَّ أبي شرَّفنا في تلك المسابقة التراثية الجميلة، حيث كانت تجسِّد لحظات رائعة، وخلقَت جوًّا في منطقتنا،

حيث كان الجميع لا حديث لهم عندما يحين موسمها إلا عن هذه المسابقة، فلا نتكلَّم عن شيء في تلك الأوقات إلا عنها.

الرَّسم

ألوان خشبية، وألوان مائية، ودفتر رسم، وقلم رصاص لتخطيط الصورة ورسم تفاصيلها الدقيقة.

نعم كنتُ عاشقًا، وشغف الرسم لا يفارقني، بل كنتُ رسام الطفولة، ومنافسًا لليوناردو دافنشي، حيث لَم أقِف على رسمة العشاء الأخير فقط، بل كنتُ أرسم أي شيء أراه أمامي، حيث لكلِّ رسمة قصة ورواية، وفي كل يوم أصحو مِن نومي أفكِّر بشيء أرسمه كالشجر والطبيعة والبشر.

في كل مرَّة أجرِّب طريقة للرسم، ففي بداية الأمر كنتُ أرسم رسمات مِن عيون تذرف دموعًا، حيث كانت عنوان كلِّ رسمة أرسمها على صفحات كتب المدرسة، وعلى كتاب اللغة العربية درس قيس بن الملوَّح، حيث التعبير عن عين تذرف دموعًا بغزارة.

أبدعتُ إبداعًا في المسابقات والمشاركات الوطنية في الرسم عن طريق القلم الرصاص، وأتقنتُ فنَّه برسم الجرّات، وتناسق اللون الفحمي الرصاصي!

كنتُ دائمًا عندما أرسم أتخيَّل أمامي الرسام العالمي ليناردو دافنشي، كنتُ أعشق رسماته، وتمنَّيتُ أن أكون مثله.

رسمتُ رسمة تعبتُ عليها أيامًا، حيث كانت مهمَّة بالنسبة لي وقريبة جدًّا إلى قلبي، وكان هدفي إرسالها في مسابقة في إحدى المجلات، وهي رسمة الجرّات الثلاث، وعليها تشقُّقات وكأنَّها سوف تنكسر مع مرور الأيام!

بالقلم الرصاص ولكن بتدريج اللون الرصاصي باحترافية مطلقة، حيث تدرَّبتُ عليها في المدرسة مع المدرِّس في حصة الرسم.

أنهيتُ الرسمة بعد تعب طويل، وأرسلتُها عن طريق صندوق البريد في منطقتنا، وانتظرتُ، ومضى أسبوعٌ، وما زلتُ أنتظر، وقلتُ في خاطري: مِن المستحيل أن أخسر وأنا تعبتُ كلَّ هذا التعب الشديد.

وأتى الأسبوع الثاني، واشتريتُ المجلة، وقلَّبتُ الصفحات إلى أن وصلتُ إلى صفحة "زاوية الرسَّامين الهواة" ويدي ترتجف، وتتصبَّب عرقًا!

نعم.. صورتي هي صورة الأسبوع، نعم لَم أصدِّق ما أرى، كانت صورتي هي صورة الأسبوع، وعائلتي لَم يصدِّقوا، وكانوا فخورين بي لدرجة أنَّ جميع سكان الحارة أتوا ليشاركوني الفرحة!

نعم.. كنتُ رسامًا موهوبًا، وبعدها الأيام تلو الأخرى تمرُّ بي بسرعة، وطلبوا منّي المشاركة بعرض لوحاتي في مستشفى (دبا)، ولكن طلبوا مني لوحات عدة وليس لوحة رسم واحدة، حيث سيكون تحدِّيًا لنفسي، والجهد سيكون مضاعفًا جدًّا.

وفعلًا بدأ العمل مِن جديد، وبدأتُ أرسم وأرسم دون توقُّف، وتحقَّق الحلم الكبير الذي كنتُ أتمنَّاه، حلم كحدود عقلي، حلم بريء، حيث عرضت لوحاتي في المستشفى، وكانت صورًا بسيطة ولكن معبرة.

وكان جميع سكان المنطقة عند زيارتهم للمستشفى يرون لوحات، واسمي مكتوب عليها، ويهنِّئونني في كل وقت.

كم كنتُ فرحًا جدًّا، حيث تحقَّق ما كنتُ أتمنَّاه، وقلتُ في خاطري: اقترب حلمي كي أصبح أشهر الفنانين حول العالم، اقتربتُ أن أُصبح الخليفة الثاني لدافنشي.

ولكن تمرُّ الأيام، وتمرُّ.. وشيئًا فشيئًا الموهبة تذهب عني بعيدًا، ولَم أعرف ما السبب، هل لأنَّني في كل مرة أكتشف موهبة

لي؟ هل لأنَّني لا أعرف ما أريد مِن نفسي؟ فتارةً أتَّجه للتصوير، وتارةً للكتابة، وتارةً للرسم.

نعم.. كنتُ مراهقًا متعدِّد المواهب، وفي الحقيقة لَم أصقل موهبة الرسم التي كانت أول موهبة أتعرَّف عليها، وكانت لصيقة عمري، وللأسف الشديد فجأة رحلَت عنِّي بعيدًا هذه الموهبة دون رجعة، وكم كنتُ أتمنَّى عودتها حيث ذهبَت دون وداع، وأبكي على ذِكراها إلى يومنا هذا.

الباب الثاني

فيضان

في يوم شديد البرودة في أيام التسعينيات، لا أذكر التاريخ بالضبط.. عواصف ورعد وبرق، والسماء شديدة السواد مِن كثافة الغيوم الحاضنة للسماء، ولا تكاد تفارقها في منطقتنا القديمة بين أهالي وشعب تقليدي.

في ذلك اليوم هطلَت أمطار شديدة الغزارة، وغرقت نصف المنازل، بل هو فيضان هائل حطَّم كل شيء، والسدود الرمليَّة تحطَّمَت مِن كثرة التشبُّع بمياه الأمطار، وكنَّا خائفِين جدًّا، حيث كان يومًا لا أستطيع نسيانه.

لأول مرة في حياتي أعيش هذا اليوم واللحظة والناس أمامي يمينًا ويسارًا يهرعون في كل مكان خائفين، ويحاولون قدر الإمكان لَمَّ الأشياء الغارقة قبل دمارها ومساعدة الأهالي

والجيران، حيث دخلَت مياه الأمطار بعد تحطُّم السدود، وخلَّفَت دمارًا كبيرًا آنذاك، والشوارع غرقَت وتكسَّرَت.

ما زلتُ أتخيَّل هذا اليوم وفي ذلك البيت، عندما كنتُ أمشي مع إخوتي نشاهد هذه المناظر الفاجعة..

وقفنا عند منزل غارق بالمياه، ونشاهد بطيخة تطفو في حوش هذا المنزل، والخادمة تسبح وتلاحقها للإمساك بها كي لا تذهب مع مخلَّفات الأمطار!

تعجَّبتُ كثيرًا ممَّا رأيتُ، حيث خالجَني شعور غريب وأنا طفل، كنتُ أقول في بالي: ألهذه الدرجة البطيخة مهمة وقيِّمة في هذا المنزل؟!

نعم في تلك الأيام كانت كل الأشياء ثمينة، وتستحقُّ حتَّى لو كانت بطيخة.

المساعدة كانت ثمينة في تلك الأيام سواء على إنسان أو نبات أو حيوان!

١٩٩٠م

وما أدراك ما ٩٠؟! نعم، هذا اليوم المشؤوم والحزين والمخيف، أغلقنا جميع أبواب منازلنا، وبدأتِ الحرب على مصراعيها، وتهافتَت الصواريخ مِن كل حدب ومكان.

لَم نكن نعرف ماهي هذه الحرب ولماذا، فقط كنَّا خائفين، وهمُّنا الأول والأخير متى نخرج مِن منازلنا ونلعب بين الفرجان حفاة الأقدام.

هذه الحرب التي لا يمكن نسيانها أبدًا (حرب الخليج بين العراق والكويت).

كنَّا نضع المناشف في كل مكان خوفًا مِن كل شيء، تحت باب الصالة وبين فراغات المكيفات، ونسمع الطائرات فوق منازلنا تحوم وتحوم.

ومِن الخوف نهرع مباشرة، ونختبئ تحت اللحاف، ونغطُّ نومًا هروبًا وفزعًا.

فقط ساعات انتظار وترقُّب وتساؤلات: متى تنتهي؟ كنَّا فقط نعرف بأنَّ شيئًا حدث، ولكن لا نعلم سِوَى أنَّه شيء ونذير شؤم قد وصل.

كنَّا نعتقد فقط ساعات، وأصبحَت ليالي وأيامًا، إلى أن أتى الفرج، وفتحنا الأبواب، وأدخلنا نور الشمس لتتفضَّل بالدخول بعد غياب أيام عصيبة.

حقًّا كانت أسوأ الأيام وأبشعها، حيث كان إخواننا مِن الكويت يعانون، ونحن لَم نكن نعلم؛ لأنَّنا كنَّا صغارًا لا نفهم شيئًا ممَّا حدث.

شلالات تذرف دموعًا

في يوم جميل كتلك الأيام المليئة بالشغف والحيوية، في أجواء رائعة ونسيم عليل تتطاير فيه روائح عطرة.. روائح الأيام.. روائح النزهات العائلية.. تلاحم وحب وقلب واحد.

ذات يوم ركبنا تلك السيارة "الميتسوبيشي" ذات اللون الرصاصي الكلاسيكي، محبوبة بيتنا، ورفيقة درب أبي في حِلّه وترحاله، لا نعرف سِوَاها، كلُّنا مع بعض نمسك بأيدي بعض في سيارة واحدة، نضحك ونغنّي مبتهجين ونحن متوجِّهون إلى مكان خلّاق مِن خلائق الله، شلَّالات تذرف دموعًا دون توقُّف!

نعم، صحيح ما سمعتُم، دموعًا دون توقُّف، ولكن هذه شلَّالات دموع الحب والشوق عند قدوم أيّ زائر لها للقائها!

إنّها الشلالات الجميلة والرائعة، دائمًا في كل أسبوع نخطِّط لهذه الرحلة، أمي تحمل برفقتها جميع العدَّة والاحتياجات

اللازمة للرحلة مِن شاي، وقهوة، ووجبة الغَداء، وأكلات شعبية، والحصير (السجَّادة للجلوس عليها)، حيث نجلس سَويًّا في هذا المكان، وأمي والخادمة شاندرا يحضران لنا الأكل، ونحن مشغولون بالسباحة واحتضان هذه الشلالات العذبة.

طعم الماء لا يفارق لساني، طعم الأيام العبقة والجياشة، نعم نسبح ونسبح سَويًّا في هذه الشلالات، وأبي يعلِّمنا حركات بهلوانية في السباحة.

نقترب مِن منبع الشلال، نهرب وهو ينادينا: تعالوا إليَّ، اقتربوا مني لكي ألاعبكم ونلعب سَويًّا!

شلالات تعجُّ المكان وسط جبال شاهقة وتضاريس رائعة، مكان محاط بالأحجار الناعمة، نمشي عليها وكأنَّها تدلِّك أرجلنا مِن جمالها!

الماء بارد، والطقس حارٌّ، ولكنَّ هذا المكان مِن جماله لا نحسُّ بحرارة الجو، والألفة التي نحسُّ فيها في هذه الجنة أنسَتنا حرارة الصيف وحرقته.

وبعد أن نشبع مِن السباحة واللعب مع هذه الشلالات. نذهب ونأخذ قسطًا مِن الراحة، نجلس سَويًّا، ونأكل ونستلقي. وبعد ذلك نواصل المشوار، ونكتشف تلك الجبال الشاهقة، نتسلَّق وكأنَّنا مغامرون، نعم نتعمَّق داخل تلك الممرَّات

الضيقة، ونكتشف وكأنَّنا نبحث عن كنز علي بابا، ولكنَّ الحقيقة فقط أنَّنا نريد المرح والتسلية لا سِوَاهم.

وقبل أن يحلَّ الظلام نجمع أغراضنا، ونستعدُّ للذهاب إلى البيت.

وفي ذلك اليوم حدث ما لَم يكن بالحسبان، نعم شيء غير الصورة الجميلة التي قد رسمناها في هذا المكان الجميل، الصورة أصبحَت قاتمة وسوداء أمام أعيننا فجأة وبدون سابق إنذار، وكأنَّ أحدًا قد قُتِلَ ودماؤه تتطاير مِن كل صوب وحدب.

نرى دخانًا وحريقًا يعجُّ بالمكان يتطاير يمينًا ويسارًا، ونحن لا نرى شيئًا وراء هذا الدخان سِوَى مشاهد وصور مخلوطة بلون رصاصي، ولَم نعرف ما هو، ومِن أين مصدر هذا الدخان!

واقتربنا نحن وأبي شيئًا فشيئًا، وإذا بسيارة أبي الميتسوبيشي المسكينة التي كانت مركونة ليس ببعيد عنَّا تشتعل، نعم تشتعل، وأبي لا يصدِّق ما يرى، ونحن مِن شدة الخوف والفزع كنَّا نبكي دمًا دون توقُّف؛ حيث إنَّ الذي قُتِلَ ودمه متناثر ليس غريبًا عنَّا، صحيح أنَّه مِن جماد، ولكنَّنا نعتبره فردًا وجزءًا لا يتجزَّأ مِن العائلة!

وأبي لا يعرف ماذا يفعل، ولا يصدِّق ما يرى، صديقة البيت ورفيقة الدرب تخلَّت عنَّا، ورحلَت بدون سبب، وما السبب؟!

نحن لَم نصدِّق أبدًا ما حدث، ولا نعرف مَن الفاعل، وكيف احترقَت؟ ولماذا؟

تساؤلات شغلَت بالنا إلى يومنا هذا، حيث بعد فترة وجيزة سمعنا أخبارًا لَم تكن سارَّة، أقاويل مِن الناس، ولا نعرف صحيحة أم مِن واقع تخيُّلاتهم عن هذا المكان، حيث تناقلَت الأقاويل بأنَّ هناك جنًّا في هذا المكان، وهو الفاعل، ولا يريد أحدًا أن يتقاسم معه هذه الشلالات!

وكل ذلك لَم يعدُّ مهمًّا، والأهمُّ هي صديقتنا العزيزة رفيقة الدَّرب التي رحلَت دون وداع، حيث تركَت بصمة في حياتنا لا تُمحَى، وظلَّ أبي دائمًا يتذكَّرها.

وأمي في كل يوم تبكي حزنًا عليها وعلى فراقها، ومِن بعد هذه الكارثة الأليمة، وإلى يومنا هذا لَم نعد مرة أخرى إلى هذا المكان أبدًا.

ضياع الطريق

حلَّ وقت الغروب، وحان وقت العودة للمنزل بعد كرٍّ وفرٍّ بين اللعب والمزاح بين الأصدقاء والأهالي في هذه الحارة، حيث كنتُ وحدي هذه المرة، وأنا في طريقي للعودة، وأرى الشوارع فارغة، والظَّلام قد كتم على الجميع، والكلُّ في منازلهم، حيث لَم أدرك الوقت وأنَّني قد تأخَّرتُ عن المنزل.

فجأة شخص ما يهمس في أذني لا أدري مَن هو، ولكن يخبرني: لماذا تأخَّرتَ؟ سوف تتحمَّل نتائج ذلك!

وأسرعتُ بخطواتي والعرق يتصبَّب مِن جبيني إلى وجهي، غير مدرك إلى أين أنا ذاهب مِن شدة الخوف والفزع!

وفجأة دخلتُ في ظلمة قاتمة.. في طريق معوج غير مسار عودتي إلى المنزل.

مكان مظلم يسوده السواد القاتم، لا توجد أيُّ تفاصيل في المكان سِوَى اللَّون الأسود.

نعم، لقد تمَّ عقابي على التأخير، وكنتُ خائفًا جدًّا، فأهلي بانتظاري في المنزل.

كنتُ أبكي وأبكي، ولا أدري ماذا أفعل، وما الحل!

واصلتُ خطواتي المسرعة، وشعرتُ بأنَّني قد مشيتُ مسافات طويلة بعيدة عن المنزل، ولكن مِن شدَّة الظلام القاتم لَم أعرف إلى أين وصلتُ.

كنتُ أقرأ المعوذتَين، وأذكر الله في كل خطوة، وظللتُ أمشي وأمشي، وأكلِّم نفسي، وأقول في نفسي: يا ليت ويا ليت، ولكن ما الفائدة الآن؟! فقد حدث ما حدث، وأضعتُ الطريق، ودخلتُ في طريق لا أعرف الرجعة فيه أبدًا.

وتدور أمامي شريط الذكريات، حيث فقدتُ الأمل، وقلتُ في خاطري: لن أرجع أبدًا.

قلَّت خطواتي، ورجلاي تشتكيان منّي مِن شدة التعب، والوجه شاحب مِن الإرهاق الشديد.. ورفعتُ يدي للسماء، وقلت يا ألله، أرجوك دُلَّني إلى الطريق، أهلي في انتظاري وأنا تأخَّرتُ عليهم.

كلمات خرجَت مِن صميم قلبي، والصدر قد ضاق مِن شِدَّة الإحساس باليأس، ولكن فجأة بعد ذِكر الله مرارًا وتكرارًا، أَتَتني طاقة رهيبة لا أدري مِن أين، ثقة بالنفس، وغرور قويٌّ، وإصرار وعزيمة.

نعم.. أسرعتُ في خطواتي مرة أخرى، وكلُّ كلمة هي ذِكر الله وقراءة المعوذتين، وشيئًا فشيئًا ألاحظ أنَّ لون المكان قد تغيَّر إلى اللون الأسود الفاتح.

واصلتُ المشي دون توقُّف، وألاحظ تفاصيل المكان تتغيَّر، والوضوح بانت تفاصيله.

نعم.. أخيرًا والحمد لله الظلام قد ذهب دون عودة، ألتفت يمينًا ويسارًا فأرى أنَّني قطعتُ مسافة بعيدة عن منزلي، فاستغربَت.. كيف وصلتُ إلى هذا المكان؟ وكيف انحرفتُ عن الطريق هكذا؟!

في هذه اللحظة لَم أتمنَّ في حياتي شيئًا أكثر مِن أمنيّتي أن أشرب قطرة ماء مِن شدَّة العطش الذي يبس عروقي وجسمي، حيث خرجَت جميع السوائل مِن جسمي، ولَم يبقَ منها شيء، ولكنَّ عزيمتي لَم تنهَر، واقترَب الطريق، وأصبحتُ بالقرب مِن منزلنا.

نعم.. لقد انتصرتُ، وكان الوقت متأخِّرًا جدًّا، فرأيتُ مِن بعيد خلف الضباب باب منزلنا، نعم.. لَم أعد أرى أمام أعيني سِوَى مكان مليء بالضباب مِن شِدَّة التعب والإرهاق مِن مشاقِّ الطريق.

نعم.. وصلتُ أخيرًا، والجميع بانتظاري أمام باب المنزل في حضني وعتابي.

لماذا تأخَّرتَ؟ لماذا؟ لا تتأخَّر مرة أخرى، والكل بنبرات خوف وبكاء عليَّ.

أحسستُ بأنَّ كلَّ شيء أمامي تغيَّر وكأنَّني وُلدتُ مِن جديد، وتعلَّمتُ درسًا لن أنساه طيلة حياتي، وهو أنَّه على المرء الالتزام بالوقت وإطاعة كلام الوالدين، فالتأخير ليس مِن صالحنا، وفي بعض الأحيان له عواقب وخيمة في الحياة.

الجدري

بثور حمراء غريبة تحيط على أجسادنا، نسرح ونمرح غير مبالين بها، زادت عن حدها، وتضايقنا على فترات طويلة.

أذكر في تلك الأيام أنّه قد اجتاح مرض معدٍ ومؤذٍ يهدِّد يوميات حياتنا بين الأهل والأصدقاء والأصحاب، لا نعرف مِن أين أتى وماذا يريد، والنتيجة أنّه دمَّر فرحتنا، والكل يهرب مِن بعضه البعض مِن شدَّة الخوف على نفسه أن تصيبه العدوى!

رعب وخوف اقتحما المكان وكأنَّه فيروس ساحر وحاقد يشتِّت الجميع فرحتهم، كما يحدث اليوم في هذه الأيام مع الفيروس العنيد (كورونا) الذي قتل ملايين البشر، وشتَّت الجميع، وهلك القوم، وقتَل مَن قتل، حيث لا ندري إلى أين سيصل!

سبحان الله! وكأنَّ التاريخ يعيد نفسه ولكن بصورة أخرى، نعم.. كانت فترة عصيبة؛ حيث انتشر مرض الجدري تلك الأيام بيننا، ولا مفرَّ منه، ولَم يترك أحدًا في الحارة لَم يُصَب به.

الكلُّ في رهبة وخوف، وكأنَّنا نشاهد فيلم رعب نسهر عليه طوال الليل.

ذات يوم كنَّا ذاهبين إلى المدرسة مع إخوتي، فلاحظنا أنَّ الجميع يحكُّون أجسادهم، ولكنَّني لَم أفهم لماذا، أشكالهم متغيِّرة، الحبوب تملأ وجوههم، فتعجَّبتُ مِمَّا أرى!

وأغلقتِ المدرسة فجأة، والكلُّ يجري، يتسابقون لركوب حافلة المدرسة فرِحين بالعودة للمنزل دون دراسة، ولكن لا يدركون ما السبب!

عند عودتنا للمنزل لاحظتُ بأنَّ جسمي يأكلني، وحكَّة لعينة تلاحقني طوال الوقت واليوم.

عندما لاحظَت أمِّي هذه التغيُّرات عليَّ ذهبَت مسرعة إلى خارج المنزل، حيث توجد شجرة نسمِّيها (الشريشة)، وهي الحل والعلاج آنذاك.

قطفَت أمي أوراقها الخضراء، وملأَت حوضًا ساخنًا، ورمَت أوراق هذه الشجرة به، وقالت لي: استحِمَّ داخل هذا الحوض،

وإذا برائحة كريهة تفوح مَن هذا الحوض، وفي الواقع العيب ليس مِن الحوض، بل مِن رائحة هذه الشجرة!

قالت أمي: إنَّ هذا هو العلاج الشعبي لهذا المرض اللعين!

نعم.. الكلُّ في حيرة، والمرض انتشر كالنار في الهشيم، وأصبح الجميع معدِيًا وينعدي مِن الآخَرين، ومرَّ على فئة كبيرة مِن الأطفال آنذاك، وأيضًا لَم يترك أحدًا مِن إخوتي إلا ومرَّ عليه.

حُرِمنا مِن الخروج مِن المنزل أيَّامًا عدَّة، جميع سكَّان الحارة مختبئون.. خائفون مِن بعضهم، والهدوء خيَّم على المكان والفرجان لا صوت ولا ضجيج.

سئمنا مِن هذه الحياة، حيث إنَّ جوَّها كلها مرض وكآبة، لا فرح ولا مرح، والجميع ساكتون لا يتكلَّمون، فالبثور الحمراء ملأتِ المكان، ولَم ترحم أحدًا.

مرَّتِ أيام وأسابيع وأشهر ونحن على حالنا، يُشفَى أحدٌ ويمرض شخصٌ آخَر.

عشنا في حيرة وخوف وحزن، وكنتُ أتساءل: مَن هذا الحاقد؟! وماذا يريد مِنَّا؟! ومتى سترحل عنَّا أيُّها الحقود؟!

أسئلة لَم تصِلني إجابتها بعد ولم يكن أمامنا سوى الصبر وعلاج أمي الشعبي، حيث نصحَت به جميع سكان الحارة، حتَّى

الشجرة أفلسَت أوراقها، ولَم يبقَ منها شيء، فالكلُّ قد قطف أوراقها، ولَم يترك لها شيئًا تستر به على حالها!

فعلًا كانت أيامًا عصيبة، وأيامًا كئيبة، ولَم تكُن سِوَى شدَّة وزالت بعد صبر وتماسُك، والتفاف الأهل مع بعضهم لتجاوُز الأزمة، فالحلُّ الوحيد هو التماسك والصبر مِن أجل اجتياز المِحَن!

ظهور الأشباح

هدوء غريب، وصمت رهيب، وقد خيَّم على الجميع السكوت العجيب.

فنٌّ لَم نتقنه سابقًا، ولا نعرف له طريقًا، نعم.. تلك الأيام المظلمة المخيفة مرَّت على سكَّان منطقتنا.

أذكر في تلك الأيام الماضية أنَّنا كنَّا نسمع ونرى أشخاصًا ليس لهم مكان، ولا بيت ولا عنوان!

نعم.. هم أشخاص دُخَلاء ومجهولون، ليس لهم أهل ومعزولون!

هم أشباح، نعم أشباح فضوليُّون في منطقتنا، يتجسَّسون على منازلنا، لا يطرقون الأبواب ولا الأجراس!

كانت أيامًا نعيشها رغمًا عنَّا، لا ندري ماذا حلَّ بالمنطقة، ظلام كئيب، وخوف رهيب!

مِن أين أتَوا؟! ولماذا هذا المكان بالذات؟! وكأنَّها لعنة مِن الأشباح على هذه المنطقة، وكنتُ أحاول أن أبحث وأفتِّش لماذا أتَوا إلى هنا؟

أذكر في يوم مِن تلك الأيام البائسة، كنَّا مجموعة مِن شباب المنطقة نتحدَّى تلك السكة، حيث كنَّا نسمع عنها بأن جميع الأشباح يقطنون هناك، وأنَّ هذا المكان هو منبع انتشارهم، حيث يتناوبون التلصُّص على سكان المنطقة.

في وقت صلاة الفجر كنَّا نخطِّط للذهاب للمسجد؛ حيث إنَّه يقع في الشارع المقابل، وكانت هذه السكة الملعونة المحاطة بهذه الأشباح هي الخطُّ الفاصل والطريق المؤدِّي للمسجد، وكان التحدِّي بأنَّنا لن نخاف، وسوف نعبر الطريق دون رهبة، وسوف نصل إلى المسجد.

نعم وصلنا إلى أول السكة، سندخل الآن، نعم.. النور اختفى، وتعمَّقنا داخل السكة، والكلُّ ينظر مِن حوله، والسكوت خيَّم علينا، والقلب يدقُّ بسرعة، والجميع ممسِك بيد الآخَر.

وفجأة سمعنا صوتًا غريبًا ومخيفًا، وظِلٌّ أسوَد يقترب منَّا، فهربنا مسرعين إلى منازلنا مِن شدَّة الخوف والفزع، ولَم نستطِع

أن نفعل شيئًا، ولَم نستطِع للأسف أن نصلِّي في ذاك المسجد، وصلَّينا في منازلنا.

في صباح اليوم التالي كان جميع سكان الحارة يتهامسون فيما بينهم، يخطِّطون.. يتشاورون في إيجاد حلٍّ لهذه المشكلة؛ حيث إنَّ الموضوع قد زاد عن حدِّه، والأشباح في كل مكان يتجوَّلون وكأنَّهم قطَّاع طُرق وقراصنة!

نعم.. وقلنا إنَّ الحلَّ الوحيد هو أن نرشَّ ماءً مِن قرآننا الكريم، فهو الحلُّ والمنجي الوحيد.

نعم.. الكل اتَّفق وتعاونَ، وأحضروا الماء، وتقاسمَه الجميع، وبدأ الكلُّ في رشِّ الماء على جميع جدران منازلهم، وبين الحارات والفرجان المؤدِّية للطُّرقات والمساجد

وأُنجِزَت المهمَّة، وبقي فقط الانتظار إلى أن يحلَّ الظلام والليل لرؤية النتيجة.

نعم.. أتى الليلُ، وخيَّم على المكان، والكلُّ في ترقُّب وانتظار، وقد حدث ما كنَّا نتوقَّعه والحمد لله، فقد اختفتِ الأشباح فجأة، وذهبَت ولَم نعد نراها، ولَم نسأل إلى أين ذهبوا، والمهمُّ أنَّهم رحلوا دون عودة.

نعم.. القرآن الكريم دائمًا هو المنجي الوحيد وقت الأفراح والأحزان.

فقط كنَّا خائفين مِن أن ينتقلوا إلى حارات أخرى بالقرب منَّا، ولكن الحمد لله اختفوا مِن المنطقة بأكملها، ويبدو أنَّهم رحلوا إلى مكان لا يسوده روح التعاون والتماسك، حيث يجدون الضعف بين سكان تلك المناطق الأخرى.

نعم.. كنَّا نعيش لحظات خوف وفزع رهيب في المنطقة، وأُفسِدَت جميع خططنا اليومية، ولكن الحمد لله على نعمة القرآن الكريم دائمًا وأبدًا.

المستشفى المقبرة

مجهول وغامض، وحقائق مخفية ومدفونة، حيث تتردَّد الأقاويل بوجود موتَى سابقين هنا، ومقبرة قديمة دُفِنَ بها أناسٌ منذ سنوات.

مستشفى ومقبرة ومدرسة بنفس الوقت، يُروَى أنَّه في صباح كل يوم مِن الأيام المعتادة كنَّا نجهِّز أنفسنا للذهاب إلى تلك المقبرة، أقصد المدرسة، وفي واقع الأمر كان مستشفى سابقًا كما يقولون يتردَّد عليها طلاب مِن كل مكان مِن سكان المنطقة القريبة مِن هذه المدرسة اليتيمة، حيث كانت المدرسة الوحيدة آنذاك، ولَم نكن نعلم بأنَّها كانت سابقًا مقبرة قديمة جدًّا.

وذات يوم مِن أيام الدراسة، وفي وقت الاستراحة (الفسحة) بالتحديد، أذكر حينها أنَّنا كنَّا أطفالًا لا نفهم أيَّ شيء سِوَى

الخوف مِن كل شيء، فقد يرهبنا وتتغيَّر ملامحنا وأشكالنا استعدادًا للبكاء!

ذلك اليوم الذي لا يُنسَى أبدًا، كنتُ برفقة مجموعة مِن الأصدقاء الأبرياء نتمشَّى في وقت فسحتنا، ونثرثر بهذه الأقاويل التي كنَّا نسمعها، وقال أحد الأصدقاء:

- يا جماعة، ما رأيكم أن نغامر في هذه المدرسة حيث كانوا يقولون بأنَّه كان مستشفى هنا وقبل ذلك كانت مقبرة قديمة؟

الكلُّ في تعجُّب وخوف، فقلتُ:

- حقًّا؟! هل هذه المدرسة كانت مستشفى ومقبرة؟!

قال:

- نعم نعم.

فقلتُ بكلِّ فضول وبدون تردُّد:

- ما رأيكم يا أصدقاء أن نكتشف ذلك ونتوغَّل خلف ذلك المختبَر المهجور في ذلك الطرف الأخير مِن المدرسة؟

وافق الجميع والكلُّ بين حيرة وخوف وفضول، ولكنَّ الكل كان متشوِّقًا لرؤية الحقيقة التي طال انتظارها.

نعم.. أيام وأشهر، والكلُّ يتحدث منذ بداية السنة مِن الدراسة، وفعلًا ذهبنا إلى هناك، حيث إنَّه لَم يجرؤ أيُّ أحد مِن

طلبة هذه المدرسة على أن يفكِّر مجرد تفكير في أن يذهب إلى هناك، ولكن نحن فعلنا ذلك، وتحدَّينا كلَّ الأقاويل.

وعندما وصلنا إلى المكان المقصود، وتوغَّلنا إلى ذلك المختبَر المهجور لَم نصدِّق ما رأيناه بأمِّ أعيننا.

نعم مكان يخيِّمه السكوت والهجران، أشجار محيطة بالمكان، إبر ومغذيات للمرضى ملقاة في كل مكان، حمَّامات محطَّمة، وجدران متشقِّقة، بالإضافة إلى أنَّ صورة المكان توحي بأنَّ هناك كانت قصة الكلُّ يجهلها، ولا يعرف عنها شيئًا، ويبدو أنَّ الغبار الكثيف هنا محا كل شيء!

قلنا فعلًا: يا أصحاب، يبدو أنَّ هذا المكان كان بالفعل مستشفى سابقًا، فكلُّ شيء يوحي بذلك.. إبر ومغذّيات للمرضى، وأسِرَّة قديمة.

ولكنَّ الغريب في الأمر أنَّهم كيف يقولون بأنَّه توجد هنا مقبرة سابقًا حيث تطلَّب منا التوغُّل أكثر لاكتشاف الحقائق حول المكان وسبب التسمية؟!

وساقنا الفضول إلى الدخول لتلك الحمَّامات التي ليس لها أبواب، والغبار يغطِّيها بالكامل.

وبكل صمت وهدوء وبخطوات بطيئة ونحن نتعمَّق في اكتشاف المكان، سمِعنا صوتًا خافتًا لطفل صغير يبكي بحرقة،

فاقشعرَّت أجسامنا، والخوف قتلنا، والأنفاس تكاد تتوقَّف، وقلنا:

- يا إلهي! يا أصحاب.. مَن هذا الطفل؟! ولماذا يبكي؟!

هرعنا مسرعين خارج المكان، لا.. لا أصدِّق، إنَّ هذه الأقاويل صحيحة حول هذا المكان، وكلُّ شيء يوحي بذلك، ولماذا يخفون عنَّا هذه الحقيقة المرَّة التي لا يعرفها أحد؟!

- نحن رأينا كل شيء بأمِّ أعيننا، ماذا نفعل يا أصحاب؟

قال أحدهم:

- ما الفائدة؟ نحن أطفال، لن يصدِّقنا أحد!

فعلًا.. ظلَّ هذا المكان مجهول القصة والحقيقة لسنوات إلى يومنا هذا، حيث مُحِيَ المكان بالكامل، ولَم يعرف أحدًا ما الحقيقة المرَّة التي كانت هنا سابقًا!

الغافة المسحورة

شجرة معزولة وحيدة، تعاني مِن التوحُّد، لا تحبُّ أحدًا ومسكن للشياطين والأشباح.

يُحكَى أنَّه في هذه القرية الصغيرة بالقرب مِن منزلنا بجانب البحر.. توجد شجرة عاشت منذ مئات السنين، أوراقها كهيئة شعر كثيف ومخيف، صامدة وجذورها متفرّعة في كل مكان، شجرة كبيرة، مظهرها مخيف، وتوحي بالمكائد والمعاصي!

نعم.. هذه الشجرة شاع صيتها في كل مكان في المنطقة، لا يمكن لأحد الاقتراب منها، وإن فكَّر وذهب لها فقط بمجرد الجلوس تحتها ليحتمي مِن أشعة الشمس، قد لا يعود مرة أخرى إلى منزله، حيث تبتلعه مباشرة، ولن يبقى مِن جسمه شيء ولا حتَّى ظلُّه!

نعم.. إنَّها الغافة المسحورة اللعينة التي لا ترحم أحدًا.. فحين يقترب وقت المغيب الكلُّ يجري ويهرع إلى منزله إذا كان بالقرب منها، حيث ترسل جنودها، وتسحبهم نحوها!

عشنا على هذه الحال سنوات معتادين، وفقط كان الحلُّ تجنُّبها والابتعاد عنها قدر الإمكان، وعدم التحرُّش بها؛ حيث إنَّها لا ترحم أحدًا.

أذكَر قصة مِن تلك القصص الغريبة حول هذه الغافة المسحورة، فكان هناك طفلٌ في هذه المنطقة ذاهبًا إلى البحر لجلب ماء البحر المالح لاستخدامه علاجًا كمعقِّم للجروح، ولَم يدركه الوقت، حيث حلَّ الظلام، وخيَّم على المكان، فسيطر الخوف عليه؛ حيث الغافة الملعونة في انتظاره، لَم يعرف ماذا يفعل، وكيف سيهرب منها، فكَّر وفكَّر، ولكن دون الوصول إلى حلٍّ يُذكَر.

مرَّ الوقت بسرعة، والليل يتكتَّم، وقرَّر أن يجازف بنفسه، حيث قال في خاطره: إنَّها ليسَت سِوَى شجرة لعينة وليست إنسانًا.

أقدَمَ على خطوة لَم يحسب لها حسابًا، حيث نسي مع مَن يتحدَّى، إنَّها مسكن الشياطين والأشباح، وهي لا ترحم أحدًا.

نعم.. بدأ بالجري، وظلَّ يجري، فقَطعَت طريقه فجأة بجذورها الساحرة، والتفَّت على جسمه، وأكلَته بالكامل دون رحمة أو شفقة.

اختفى الفتى مِن الوجود، وفي اليوم التالي شاع الخبر، وأهله يبكون، ويبحثون عنه، ولكن دون فائدة ولا أثر له، فقد رحل دون عودة.

لا ندري لماذا هذه الشجرة هنا؟ لماذا عاشت هنا؟ وماذا تخطِّط لنا؟ وما مقاصدها نحونا؟

لا نملك الإجابة سِوَى الصَّبر على هذا البلاء.

في كل ليلة نسمع أصواتًا غريبة مخيفة، وكأنَّهم يقيمون احتفالًا!

نعم.. إنَّهم الشياطين والأشباح، حيث كانت الأقاويل التي شاعت في منطقتنا أنَّ الأشباح والشياطين يُقيمون في كل ليلة احتفالاتٍ وغناءً وشجنًا فوق هذه الشجرة، ويتراقصون مبتهجين بالنصر علينا.

ظلَّت هذه الغافة منبعًا للشياطين والأشباح، وصامدة ومُصِرَّة على بقائها في منطقتنا.

حاول الجميع الاقتراب منها لتحطيمها دون فائدة تُذكَر؛ حيث لا يقوَى أي أحد على الاقتراب منها أبدًا، وظلَّ السؤال

دائمًا يسأل نفسه: متى ستموت هذه الغافة المسحورة ويرتاح منها الجميع مِن شرِّها المميت؟

ظلَّت هذه الشجرة إلى يومنا هذا حيَّة تُرزَق، ولَم تمُت، ولَم يقوَ أحد على أن يقطعها ويقتلعها مِن جذورها.

العجوز الساحرة

في ذلك اليوم المظلم، في أيام تعجُّ بالسحرة والشعوذة، تلك الأيام المظلمة التي كانت قد حلَّت كلعنة على منطقتنا دون سابق إنذار.

كنتُ في ذلك اليوم أتفقَّد حبيبتي شجرة الصبار في تلك الليلة، وذلك للتأكُّد مِن أنَّها بخير، وأنَّها لا تشكو مِن أي شيء، وفجأة سمعتُ همسات خافتة، وبدأتُ أتفقَّد مصدر هذه الأصوات الخافتة، وكنتُ مرتعبًا ومتفاجئًا، ولا أدري كيف أكتشف مصدره ومِمَّن.

نظرتُ مباشرة نحو الجدار المتلاصق مع شجرتي الصبار، وتسلَّقتُ الجدار خلسة وبحركات بطيئة وخافتة؛ لكي ألقي النظر، وإذا بي أرى امرأة عجوزًا ذات عباءة سوداء وبرقع أسود

جالسةً وكأنَّها صنم لا يتحرَّك، ورأسها للأسفل، وتفكِّر بعمق وكأنَّها تخطِّط لاقتحام منزل!

صُدِمتُ، وتسارعَت دقَّات قلبي، وهرعتُ مسرعًا لإخبار إخوتي بذلك، ولكنَّهم لَم يصدِّقوني، وتراهنتُ معهم بأنَّني إذا كنتُ صادقًا سآخذ الدرهم الذي معهم معهم!

نعم.. فقط درهم واحد، وفعلًا تجمَّع إخوتي، وذهبنا جميعًا، واحدٌ تلو الآخَر يتسلَّق فوق الجدار للنظر خلسة للمرأة العجوز.

نعم.. نعم تمَّ التأكيد، لَم يصدِّق إخوتي ما يرون، كأنَّه حلم.. امرأة عجوز جالسة تحت شجرة صبَّارنا! لماذا؟! ومَن تكون؟!

وبدأنا بالتفكير وتساؤلات تدور في رأسنا، وقد توصَّلنا إلى نتائج بريئة، نعم.. قلنا بأنَّها امرأة مسكينة، لربَّما حدث شجار في منزلها مع عائلتها أو زوجها، ولهذا السبب خرجَت مِن منزلها حزينة ومتضايقة، وجلسَت تحت شجرتنا في هذه السكَّة المظلمة.

وفي نفس الوقت كنَّا خائفين، لماذا بالذَّات جلسَت هنا والمكان مظلم؟! أليسَت خائفة؟! ولماذا بالذَّات هذا المكان المظلم؟

حقيقة خالجَتنا أفكار كثيرة، وقلنا: لا بدَّ لنا مِن خطوة نخطوها، حيث إنَّ هذه المرأة جالسة تحت شجرتنا الجميلة.

وبدأنا بالخطوة الأولى، وهي أنَّنا يجب أن نناديها لنرى ما إذا كانت ستردُّ علينا أم لا.

تسلَّقنا الجدار، وبدأنا بمناداتها:

- يا خالتي، هل تريدين ماءً؟

وحلَّ الصمت فجأة، وهي صامتة لا تتحرَّك، ولا تلتفت أبدًا، ولا تردُّ علينا إطلاقًا، ومرة أخرى قمنا بمناداتها، ولكن دون جدوى جالسة لا تتحرَّك.

وفجأة.. وبينما جميعنا ننظر إليها بانتظار ردٍّ مِن قِبَلها، إذا بها تنظر نظرة سريعة نحونا وكأنَّها (روبوت) آليُّ، والأعين حمراء كلون الدم!

خفنا كثيرًا، وهرَعنا مسرعين نحو غرفتنا، وأخبرَنا أمي وأبي، ولكِن لَم يصدِّقانا، وقالا:

- سنتأكَّد بأنفسنا.

نعم.. ذهبنا خلفهما، وتسلَّق أبي لينظر خلف الجدار، وكانت المفاجأة الصَّادمة والكبيرة بأنَّه لَم يرَ أيَّ أحد، وقال:

- أين المرأة العجوز؟! لا يوجد أيُّ أحد!

قلنا لأبي:

- صدِّقنا.. لقد رأيناها.

ومرة أخرى نظر أبي خلف الجدار، فإذا به يرى المرأة العجوز جالسة لا تتحرَّك، وتفاجأ كثيرًا، وقال:

- هيَّا نذهب، إنَّها ليست امرأة عاديَّة، إنَّها عجوز ساحرة، لا حول ولا قوة إلا بالله، هيَّا نذهب لننام، ونقرأ المعوذتَين.

نعم.. صُدِمنا كثيرًا مِن هذا اليوم المشؤوم وكأنَّه حلم، ونحن كنَّا نعتقد بأنَّها امرأة عاديَّة ومسكينة، لا نعرف للجِنّ عنوانًا في حياتنا.

الجمجمة المجهولة

يوم مِن الأيام المشرقة، سماء صافية، وريح عطرة، كأيَّامنا المعتادة والمرحة.

وقت اللعب والمرح قد حان في كل يوم مِن أوقات العصر بعد عودتنا مِن المدرسة، وبانتظار هذا الوقت الثمين بالنسبة لنا.

جميع أطفال الحارة يتجمَّعون لخلق قصة ومغامرة جديدة كمغامرات سندباد، ولكن هذه المرَّة لَم تكُن كأي مغامرة، وإنَّما رعب حقيقي عِشناه – نحن الأطفال – في ذلك اليوم المرعب؛ حيث لا ندرك شيئًا، ولَم نتصوَّر في يوم مِن الأيام أنَّنا قد نشاهد مشهدًا حقيقيًّا كهذا.

نعم.. أتكلَّم عن قصة حدثَت لنا ذات يوم، كان عمال البلديَّة يعملون ليل نهار، ويحفرون حفرًا عميقة، حقيقة لا نعرف ماذا يحفرون وإلى أين سيصلون!

كنَّا متَّجهين إلى البحر لكي نلعب، ونحن في طريقنا نشاهد هذه الحُفَر العميقة؛ حيث تعجَّبنا لعدم رؤية أي عامل مِن عمال البلدية، ومِن اختفائهم فجأة.

نعم.. صادفنا في طريقنا حفرة عميقة لَم نفهم معناها، ولماذا حُفِرَت لهذا العمق!

ساقنا الفضول كثيرًا، فقرَّرتُ أن أكتشف اللغز، واقتربتُ قليلًا، وشيئًا فشيئًا أُلقي النظر لأفهم معنى عمق هذه الحفرة.

وأنا أقترب، ثم أقترب، وإذا بي أرى في أعماق هذه الحفرة الساحقة جمجمة حقيقية، نعم.. إنَّها جمجمة.

في بادئ الأمر خُيِّلَ لي بأنَّها لعبة، لَم أصدِّق حيث لَم أُعطِ للأمر أهمية، وقلتُ في بالي بأنَّها جمجمة بلاستيكية كتلك التي في حصة العلوم عندما يشرح المدرس لنا أجزاءَ جسم الإنسان، وحتى الآن لَم أُدرِك بأنَّها قد تكون حقيقية فعلًا، وساقني الفضول أكثر، وقفزتُ داخل هذه الحفرة وأصدقائي ينظرون بتعجُّب ورهبة!

مددتُ يدي لأمسك الجمجمة؛ لكي ألعب بها، وعندما أمسكتُها تجمَّدتُ مِن الخوف فجأة، حيث أدركتُ بأنَّها ليست لعبة، بل حقيقية.

نعم حقيقية.. جمجمة إنسان قد يكون عاش هنا منذ مئات السنين، وقد تكون في هذه المنطقة بالذّات قصة حقيقية لا نعرف عنها شيئًا.

وقفتُ وأنا أصرخ بصوت عالٍ:

- يا رفاق، إنَّها جمجمة حقيقية، هيَّا نهرب!

وهربنا مسرعين إلى منازلنا، ولَم ندرك حقيقة ما حدث حتى الآن.

ورويتُ كل شيء إلى أهلي، حيث عرفتُ الآن سبب هروب عمال البلديَّة مِن هذه المنطقة.

وبعد البحث المستمر والتقصّي مِن قِبَل جميع أهالي المنطقة من أخبار وروايات عدة، حيث أفادنا كبار السنّ في حارتنا بأنَّ ذات يوم كان في هذه المنطقة مقبرة للسكان عمرها مئات السنين، ولا نعرف لمن تكون، وما قصَّتهم، وقد تمَّ دفنها بالكامل، وبعد حَفر هذه الحُفَر العميقة ظهرَت هذه الجماجم فجأة.

حقيقة كانت أيامًا مرعبة نعيشها خاصةً الحُفَر التي كانت تُحفَر في كل مكان وفي جميع أرجاء المنطقة.

الرجل الغارق

في ذلك اليوم الغامض، يوم مِن أيام الخوف والرهبة، رعب وفزع، في ذلك المكان، في بحر هائج ومجهول لا يعرف الرحمة، وذهول يحوم في كل مكان.

كنَّا كعادتنا الدائمة نكتشف ونجول بين سكك الحارة، وإذا بنا نرى الجميع يهرعون ويركضون في اتّجاه واحد.

نعم اتّجاه واحد، وهو نحو البحر الهائج الذي طالما كنَّا نتجنَّبه لعدم رحمته ومنظره المخيف.

الجميع يركضون، ونحن نسأل:

- ماذا يحدث هناك؟!

لا أحد يجيب سِوَى بالاستمرار بالركض، وقال أحد الأصدقاء:

- هيَّا نركض معهم، لعلَّ وعسى نعرف ماذا يحدث هناك.

وفعلًا بدأنا بالركض نحو اتّجاه هذا البحر المخيف، وعندما وصلنا إلى هناك إذا بأُناسٍ كثر ملتقّين حول هذا البحر، ونحن متعجّبون ومستغربون ممَّا نراه، فكأنّهم عثروا على شيء ثمين، قد تكون لآلئ طفَت على هذا البحر، والكل أتى لكي يأخذ نصيبه!

ولكنَّ الحقيقة كانت شيئًا آخَر، نعم.. فعندما اقتربنا شيئًا فشيئًا وإذا بنا نرى رجلًا ممدَّدًا على الشاطئ، لا نعرف ماذا حدث له، والكل يتكلَّم ويتهامس فيما بينهم؛ حيث إنَّ الرجل لا يتحرك وجسمه كان منتفخًا.

كان رجًلا كبير السنّ، شاحب اللون، ذا بشرة سمراء، لا نعرف مِن أين أتى، وماذا حدث له.

إلى هنا ونحن نعتقد بأنَّ الرجل ما زال حيًّا، كنَّا نعتقد بأنّه ما زال نائمًا، ولكن للأسف تأكَّد الجميع مِن وفاة هذا الرجل، ويبدو أنه قد مات منذ أيام، وجرفَته المياه إلى هذا الشاطئ!

لَم نكن نتصوَّر بأنَّ هذا البحر وهذا المكان بالذات قد يجرف رجلًا ميِّتًا، نعم.. كنَّا نعلم بأنَّ هذا البحر لا يرحم أحدًا، ولكن لَم نعتقد يومًا بأنَّه قد يقتل أحدًا.

صورة الرجل وملامحه لَم تغِب عن ناظِري أبدًا، حيث ما زال في مخيِّلتي، وكنتُ أفكر وأقول: أين هِي عائلته؟ ولماذا لَم يسأل عنه أحد؟ ماذا حدث له يا ترى؟ هل قذف بنفسه بالبحر؟ أم

أنَّ أحدًا قد قتله ورمى به بالبحر؟ خاصةً وأنَّ الرجل كان بملابسه الممزَّقة حيث تلاطمَت به الأمواج، وتمزَّقَت ملابسه، وتشوَّهَ وجهه.

أسئلة كثيرة كانت تراودني، ولَم أحصل على أي إجابة إلى هذا اليوم، حيث لَم نعرف مَن هو، وملابسات وفاته، وهل هي جريمة؟ أم انتحار؟

الكلب الضالُّ

يوم مِن أيام الظهر والشمس الحارقة، يوم هادئ والسُّكون حلَّ في حارتنا.

في فصل الصيف المتعب، تحسُّ بأنَّ الجسم منهارٌ مِن سخونة الشمس وحرارتها.

كنتُ قد عزمتُ الأمر، وحيث إنَّني دائمًا في وقت الظهيرة أجول في المكان؛ لأنَّني قد اعتدتُ على ذلك.

ركبتُ درَّاجتي الخضراء مسرعًا إلى تلك المنطقة البعيدة التي سوف يكون لنا فيها نصيب مِن حياة جديدة وصفحة تبدأ بها ذكريات سعيدة.

مكان بناء منزلنا الجديد الذي طال انتظاره، وكعادتي لأنَّني شغوف بالمغامرات الشيِّقة فقد قرَّرتُ الذهاب لأرى منزلنا الجديد إلى أين وصلَ بناءَه، ومتى سوف ينتهي!

وصلتُ تلك المنطقة الخالية مِن السكان؛ لأنَّها جديدة، ودخلتُ المنزل بدرّاجتي متَّكئًا عليها.

ولجتُ داخل الصالة، ولَم أرَ أيَّ أحدٍ مِن العمال، بما إنها فترة الظهيرة، والكلُّ في قيلولة.

تفقَّدتُ الغُرَف الجميلة، وكل غرفة أدخلها أتخيَّل أثاث المنزل القادم، والذِّكريات الجديدة التي سوف أكتب عنها.

صعدتُ إلى أعلى المنزل، أي سطح المنزل، وكنتُ أسمع وأنا أصعد همسات وأصوات خافتة كأنَّها صوت حيوان، ولكن لا أدري مِن أيّ نوعٍ هذا، أليفًا كان أم غيرَ أليف!

وأرهفت السمع، وإذا به صوت كلب يلهث بسكون غريب! نعم سكُون غريب وعجيب لَم أفهم معناه!

وتساءلتُ: ماذا يفعل هذا الكلب هنا؟! وما الذي أتى به؟! واقتربتُ أكثر لكي أرى ملامح وجهه ولون هذا الكلب الضال، وكنتُ مرتعبًا وخائفًا؛ لأنَّني وحدي، ولَم أكُن أعرف مِن أي نوع هذا الكَلب، أشرِّير هو أم طيِّب.

وبدأتُ أمشي بخطوات خافتة لكي لا يشعر بوجودي، وجلست أسمع صوت لهثات الكلب إلى أن وصلت إلى تحت الدرج مِن صالة المنزل، وبدأتُ أحدِّق خلسة، وأنظر بعين واحدة!

لَم أصدِّق ما أرى، وامتلأ جسمي مِن العرق والخوف والرِبكة، حيث أشاهد أمامي كلبًا بلون أبيض، ورأسه العلوي بدون سقف!

نعم.. إنَّ نصف رأسه مقطوع، كيف يكون حيًا إلى الآن وما زال يلهث؟!

خفتُ كثيرًا؛ لأنَّني لَم أصدِّق ما تراه عيني، كيف يكون ذلك الكلب برأس وسقفه العلوي مقطوع تمامًا وما زال حيًا؟!

بدأتُ أتراجع خطوات إلى الخلف استعدادًا للهرب بدرَّاجتي، وعن طريق الخطأ دستُ على زجاجة بيبسي، حيث أصدرَت صوتًا، وإذا به يلتفت نحوي مباشرة!

هربتُ مسرعًا إلى الغرفة المجاورة وأنا أبكي مِن شدَّة الخوف والرَّهبة.

وفجأة لَم أسمع أيَّ صوت، لا حركة ولا لهثات الكلب الضالّ!

نعم.. اختفى الكلب فجأة وكأنَّ جِنِّيًا أكله، أو الأرض ابتلعَته!

وهنا كنتُ على يقين بأنَّه ليس كلبًا، وإنَّما روحًا مِن الجنّ!

وذهبتُ مسرعًا متوجِّها إلى منزلي بدرَّاجتي أسابق بها الهواء مِن شدَّة الخوف والفزع، وتعلَّمتُ درسًا لن أنساه أبدًا، وهو أنَّني لن أذهب إلى مكان بعيد وحدي، بل يجب أن آخذ برفقتي أحد الإخوة والأصدقاء.

البومة السوداء

في تلك الليالي الجميلة، والسماء الهادئة، والنجوم المُضيئة، قد أنهيتُ وجبة العشاء، وخرجتُ بعض الوقت لأتفقَّد رعيَّتي – وهي حيوانات بيتنا – نيامٌ أم ما زالوا أصحَّاء، وبعدما أنهيتُ جولتي التفقُّديَّة وأنا راجع إلى غرفتي استعدادًا للنوم، وإذا بي أشاهد شيئًا في البداية لَم أتمعَّنه جيدًا، وبدأتُ أدقِّق بالتفاصيل، وإذا بها طير سمينٌ يكسوه السَّواد القاتم، ولكنَّني لَم أكن أعرف أي نوع مِن الطيور هذا الذي إلى الآن لَم ينَم، وقلتُ في خاطري: قد تكون إحدى دجاجاتنا، ويبدو أنَّها غاضبة أو منزعجة مِن أحدٍ منَّا!

وجلستُ أتمعَّن وأتمعَّن، وكلَّما اقتربتُ أكثر أرى التفاصيل تتغيَّر، والجسم لا يبدو كأنه دجاجة منزلنا، وإنَّما يبدو شيئًا آخَر!

أدقِّق أكثر، أخمِّن بشكل أكبر، أعطي احتمالات أكثر، وبعد قليل أرى أعينًا كبيرة تركِّز عينها نحوِي، وكأنَّها تريد أن تفترسني بأعينها اللعينة!

نعم.. تأكَّدتُ وجزمتُ يقينًا بأنَّها ليسَت مِن دجاجات منزلنا.

يا إلهي، إنَّها بومة، بومة حاقدة، ونذيرة شؤم على منزلنا، وبالذَّات في هذا الليل القاتم، وكأنَّ أحدًا أرسلها لنا لكي يحسد ما نحن عليه.

نعم في تلك الأيام كان جميع سكان وأهالي منطقتنا مِن معتقداتهم أنَّهم يردِّدون ويقولون عندما نشاهد بومة تخرج فجأة في المنزل إنَّ شيئًا غير سارٍّ سوف يحدث للمنزل مِن شدة حسد بعض الناس على المنزل الذي يسوده الفرح والسكون.

وخفتُ كثيرًا؛ لأنَّ البومة ما زالت متشبِّثة على أعلى سطح المنزل وفوق سطح صالة منزلنا الخارجي، وما زالت عازمة على البقاء، لا أدري ماذا أفعل، وكيف أُبعِدها مِن هنا وللأبد.

نعم.. أحسستُ كثيرًا بأنَّ شيئًا قد عكَّر مزاجي ونومي الذي ينتظرني.

ذهبتُ مسرعًا إلى أمي؛ لكي أُخبِرها أنَّ بومة دخيلة فوق سطح المنزل، وما الحل لكي نبعدها عن منزلنا؛ لأنَّها جالبة الحظ التعيس والشؤم القادم لنا.

أمي ارتعبَت كثيرًا عندما سمعَت كلامي، ولكنَّها لَم تصدِّقني في البداية، وذهبَت بنفسها لكي تتأكَّد، وعندما شاهدَتها تعبَت كثيرًا، واقشعرَّ بدنها، وعلمَت يقينًا بأنَّها نذيرة شـؤم على منزلنا، وكأنَّ أحدًا قد أرسلها إلينا، وفكَّرَت كثيرًا، ولَم تجد الحلَّ إلا في القرآن الكريم، حيث هو الحلُّ لكلِّ شؤم وحسد قد يعكر سكون الأهالي في منازلهم.

وفعلًا جلبَت أمِّي ذلك المسجِّل القديم ذا اللون البنيّ الخشبيّ، وبدأت بتشغيل سورة البقرة بصوت عالٍ أمام الصالة الخارجية للمنزل، وإذا بالبومة تلتفت يمينًا ويسارًا، وكأنَّها لا تطيق سماع القرآن، وفرَّت هاربة وبسرعة فائقة.

قلنا: الحمد لله لك يا رب، ذهب الشـؤم والحسد مِن منزلنا، ومِن تلك اللحظة علمنا بأنَّ الحسد يحوم حول منزلنا شيئًا فشيئًا، وقد تبدأ المصائب في أي لحظة على فرحة منزلنا القديم.

أصوات الليل

جالسون.. ملتمُّون.. مستعدُّون للرقص على أنغام وليالي السَّمر.
نعم كعادتنا يوم الخميس بعد أسبوع حافل وتعب من الدراسة في المدرسة، جاء وقت اللعب والسهر، ذلك اليوم أنا وإخوتي كنَّا نسهر، ونطلب الكيرم والأونو، ونضحك ونرقص ونغنِّي.

وفجأة نسمع أصواتًا غريبة خلف باب الصالة الخارجية، أصواتًا مخيفة ورهيبة.

الكلُّ موجود داخل المنزل، وكان الوقت بعد منتصف الليل، وكأنَّ أحدًا يلعب في الخارج بأغراضنا وألعابنا، وقد سمعنا أحدًا يحرِّك درَّاجتي ويلهو بها، ونحن متعجِّبون وخائفون والرعب حلَّ بنا.

نعم.. لَم نكن نتصوَّر بأنَّ أحدًا يقتحم منزلنا فجأة، ويحاول سرقة أغراضنا وألعابنا.

وفكَّرنا: ماذا نفعل؟ هل نخبر والدِينا؟ ولكنَّهما نائمان الآن، كيف نوقظهما مِن النَّوم؟! وقلنا في البداية: يجب أن نتأكَّد مَن هو هذا السارق الخبيث واللعين؟ ولماذا اختار منزلنا بالذَّات؟!

ألقَينا النَّظر خلسة بين فراغات الباب، ونحقِّق بعمق، وكانت المفاجأة الكبرى بأنَّنا لَم نرَ أحدًا أبدًا، والألعاب والدرَّاجة تتحرَّك مِن تلقاء نفسها، وهنا وقَعنا مغشيًّا علينا مِن شدَّة الخوف والرعب!

نعم.. إنَّهم الجنُّ، يلهون ويستمتعون بأغراضنا.. وخفنا كثيرًا، ولا ندري ماذا نفعل!

كنَّا نترقَّب بأي لحظة بأنَّهم قد يدقُّون علينا الباب، ويدخلون علينا، وفكَّرنا بجميع الحلول، ولَم نَلقَ أيَّ حلٍّ لنوقفهم ونخيفهم؛ حيث إنَّهم الخوف بذاته!

وهم ما زالوا يصدرون أصواتًا صاخبة، ونسمع ضحكات عالية ونحن متجمِّدون مِن شدَّة الخوف والعجب!

كان الحلُّ الوحيد هو الهروب إلى النوم، ونتركهم بحالهم، وفعلًا ذهبنا بائسين لكي ننام، ولكن بقِيَتِ الأعين مفتوحة، ولَم نستطِع النوم مِن شدَّة الخوف والتفكير على أغراضنا ماذا سيحلُّ لها.

وفجأة أُغلِقَت أعيننا إلى الصباح الباكر، وقمنا مسرعين إلى الخارج؛ لكي نتفقّد ألعابنا وأغراضنا، وتفاجأنا ممَّا نراه أمام أعيننا الآن؛ حيث إنَّ جميع ألعابنا وأغراضنا في مكانها وكأنَّها لَم تتحرّك أصلًا!

لَم نصدِّق أبدًا وكأنَّه كان حلمًا أو كابوسًا، وليس واقعًا، ونريد تذكُّر ما حدث، ولكنَّ النسيان كان العنوان!

النهاية

١٩٩٦

حلَّ الفِراق، وحان الوداع، والأعين بدأت تذرف دموع الوداع.

هذه السَّنه لا أدري ماذا أسمِّيها، سنة الفرح أم الحزن؟ أم بداية حياة وذكريات جديدة؟

سنة سوف تسطر قصصًا وحكاياتٍ وحبًّا جديدًا في حياتنا، سنة سوف تملؤها تفاصيل كثيرة، سنة ستكون بها المفاجآت والمغامرات.

لا أدري ماذا وكيف ستكون حياتنا هناك بعيدًا عن بيتنا القديم، عن حيواناتنا وجيراننا الأعزَّاء.

تركنا خلفنا جميع الذكريات القديمة بين جدران البيت القديم.

أَلَمٌ كان يدقُّ صدري دقًّا، وحزن كبير هزَّ خاطري.. نعم سوف نترك حياة عشناها بجميع تفاصيلها الرائعة والجميلة مِن حبٍّ وخوف وكلِّ شيء.

ودَّعنا الحياة البريئة البسيطة المتواضعة، والشغف الملهم، والأيام المفعمة بالحيوية.

لَم أكن أتصوَّر يومًا بأنَّني قد أترك هذا البيت، لَم أتخيَّل أبدًا بأنَّني قد أنسى وأترك خلفي هذا البيت الجميل الذي أحببتُه مِن كلِّ قلبي، وعشقتُه عشقًا يفوق الخيال، حيث كان كلَّ شيء، وكان بدايتي التي انطلقتُ بها منذ ولادتي.

لا أعرف ماذا أحمل على عاتقي مِن ذكريات هذا البيت، ولا أستطيع أن أفعل شيئًا، كنتُ أعتقد بأنَّنا سوف نترك هذا البيت، ولكن سوف نعود إليه.

لَم أدرِ بأنَّ الحقيقةَ شيءٌ آخَر.. حزنٌ كبيرٌ كان يحوم بيننا، والسكون كان يخيِّم علينا؛ حيث إنَّ الفراق والوداع كان العنوان هنا.

قمنا بلمِّ جميع أغراضنا، وتمَّ نقلها تدريجيًّا إلى البيت الجديد، البيت الذي سوف نسكن فيه، ونسطر فيه عناوين جديدة، وحبًّا جديدًا.

سَنة كانت مِن السنوات الغربية بعض الشيء، حيث لَم تكن واضحة، ولَم تكن صادقة، ولكنَّها كانت مِن السنوات التي يجب تجاوزها بقوة وتحدٍّ.

وأخيرًا تمَّ الاتفاق، ولَم يكن هناك مجال للتراجع للخلف، يجب ترك المكان والانتقال إلى مكان جديد، وبيت جديد، وحياة جديدة، إلى ذلك المكان البعيد عن موقع بيتنا القديم، حيث لن نستطيع الذهاب إليه في كل يوم لتفقُّده والسؤال عن حاله بدوننا.

نعم اتَّخذنا القرار الأخير دون رجعة، كنَّا فرحين لأنَّنا ذاهبون إلى بيت جديد وجميل، وبنفس الوقت كنَّا حزناء على فراق البيت القديم، ولكن يجب علينا المضيُّ قُدُمًا؛ لأنَّها هذه سُنَّة الحياة، لا شيء يبقى على حاله، وعلينا كتابة سطور جديدة في حياتنا، وليس الوقوف على الماضي والبكاء عليه.

الذكريات تبقى ذكريات مخلَّدة لا تُنْسَى، والحبُّ يبقى حبًّا لا يُنْسَى، حتَّى لو كان هناك بعاد وفراق، ولكن تبقى غربة الروح تنادي ولو مِن بعيد، وتبقَى الذِّكريات والحبُّ مغروسة في قلوبنا إلى الأبد.

تـمـت